高等学校交通运输与工程类专业规划教材

Road Traffic Environmental Impact Assessment
道路交通环境影响评价

王晓宁　王　健　等　编著

人民交通出版社股份有限公司
China Communications Press Co., Ltd.

内 容 提 要

本书根据我国道路交通环境影响评价的实际需要,系统介绍了常用的理论和方法,给出了道路交通环境影响研究案例。全书共分为九章,内容包括:道路交通环境影响评价概述、道路交通环境影响评价法律依据及标准、道路交通环境调查监测与分析、道路交通环境影响预测评价方法、道路交通环境影响经济损益分析、道路交通环境影响评价实例、道路交通环境影响控制、道路交通环境影响研究案例。

本书可作为交通运输类、土建类、环境与安全类相关专业高年级本科生及研究生教学参考用书,也可供从事道路交通环境影响评价、道路交通规划设计与管理的人员参考使用。

图书在版编目(CIP)数据

道路交通环境影响评价 / 王晓宁等编著. —北京:
人民交通出版社股份有限公司,2016.9
ISBN 978-7-114-13184-4

Ⅰ. ①道… Ⅱ. ①王… Ⅲ. ①公路运输—交通环境—
环境影响 Ⅳ. ①F540.3

中国版本图书馆 CIP 数据核字(2016)第 155675 号

高等学校交通运输与工程类专业规划教材

书　　名:	道路交通环境影响评价
著 作 者:	王晓宁　王　健　等
责任编辑:	刘永超　李　晴
出版发行:	人民交通出版社股份有限公司
地　　址:	(100011)北京市朝阳区安定门外馆斜街 3 号
网　　址:	http://www.ccpress.com.cn
销售电话:	(010)59757973
总 经 销:	人民交通出版社股份有限公司发行部
经　　销:	各地新华书店
印　　刷:	北京盈盛恒通印刷有限公司
开　　本:	787×1092　1/16
印　　张:	10.25
字　　数:	262 千
版　　次:	2016 年 9 月　第 1 版
印　　次:	2016 年 9 月　第 1 次印刷
书　　号:	ISBN 978-7-114-13184-4
定　　价:	25.00 元

(有印刷、装订质量问题的图书由本公司负责调换)

前言
FOREWORDS

  道路交通建设和运营引起的环境污染和破坏越来越引起人们的重视。道路交通环境影响评价是系统地识别、预测、分析、评价环境影响,有针对性地提出环境影响减缓措施的有效途径。我国自 20 世纪 80 年代末开展道路交通环境影响评价工作以来,众多专家、学者、建设者在道路交通建设运营对环境的影响、环境影响预测和评价、环境保护措施等方面开展了大量的研究和实践。在高校的教学科研和工程技术人员的工作中,需要对这些成果进行汇总、分析、提炼,形成我国道路交通环境影响评价的基本理论和方法,为我国道路交通环境影响评价人才的培养和工作开展提供支持。

  早在 2001 年,我校就开设了硕士研究生的"道路交通环境影响评价"课程(36 学时,选修),由于国内尚没有专门的研究生教材可以使用,任课教师根据学习需要组织材料进行授课,于 2006 年编写了校内讲义。本书就是在这本讲义的基础上,结合课题组道路交通环境影响研究的教学和科研实践编写完成的。本书的编写定位,是在本科生"道路交通环境保护"课程讲授道路交通环境保护概论知识的基础上,突出道路交通环境影响评价工作的实际需要和道路交通环境影响研究的热点和难点。

  本书分为九章,编写分工为:第一章、第四章、第五章由哈尔滨工业大学王晓宁副教授、河北工业大学陈亮副教授编写;第二章、第三章由哈尔滨工业大学章锡俏博士、胡晓伟博士编写;第六章、第八章由哈尔滨工业大学胡晓伟博士、河北工业大学陈亮副教授编写;第七章由哈尔滨工业大学杨龙海副教授编写;第九章由哈尔滨工业大学王健教授编写。全书由哈尔滨工业大学王晓宁副教授、王健教授统稿。曹阳、李换平、张宏智、白琼赛、蔡瑞卿等参与了资料收集和文字录入等工作。

本书受哈尔滨工业大学研究生教育教学改革研究项目(JCJS-201313)资助出版。在此,也感谢书中内容涉及的所有专家、学者,是他们对我国道路交通环境影响评价工作的贡献使本书得以出版。由于编者学识和水平有限,书中不妥之处,敬请读者批评指正。

作 者

2016 年 6 月

目录 CONTENTS

第一章 绪论 ··· 1
- 第一节 道路交通环境问题及其特点 ································· 1
- 第二节 道路交通环境影响评价在我国的应用和发展 ········· 4
- 第三节 道路交通环境影响评价的含义及工作流程 ············· 7

第二章 道路交通环境影响评价概述 ································· 10
- 第一节 道路交通规划环境影响评价 ·································· 10
- 第二节 道路交通建设项目环境影响评价 ··························· 14
- 第三节 道路交通建设项目后评价 ······································· 26
- 第四节 战略环境评价 ··· 30

第三章 道路交通环境影响评价法律依据及标准 ············· 33
- 第一节 道路交通环境影响评价的法律依据 ······················· 33
- 第二节 道路交通环境影响评价的标准 ······························· 38

第四章 道路交通环境调查监测与分析 ····························· 45
- 第一节 环境现状调查 ··· 45
- 第二节 常见交通污染监测 ·· 51
- 第三节 工程污染因素分析 ·· 57

第五章 道路交通环境影响预测评价方法 ························· 63
- 第一节 环境影响识别与预测方法 ······································· 63
- 第二节 环境影响评价方法 ·· 65
- 第三节 环境空气影响评价 ·· 70
- 第四节 声环境影响评价 ·· 81

第六章 道路交通环境影响经济损益分析 ························· 88
- 第一节 环境经济学相关知识 ·· 88

  第二节 环境影响经济损益分析的内容和方法 ·································· 91
  第三节 环保投资 ··· 93
  第四节 环境成本计算 ·· 95
  第五节 建设项目环境影响咨询收费管理 ··· 98
第七章 道路交通环境影响评价实例 ··· 101
  第一节 道路交通环境影响评价要点分析 ··· 101
  第二节 某高速公路工程环境影响评价简例 ······································· 102
  第三节 某公路工程声环境影响评价简例 ··· 104
  第四节 某城市道路工程环境影响评价简例 ······································· 109
  第五节 某地铁工程环境影响评价简例 ··· 112
第八章 道路交通环境影响控制 ·· 115
  第一节 生态公路 ··· 115
  第二节 生态恢复 ··· 118
  第三节 公路绿化 ··· 120
  第四节 野生动植物保护 ··· 122
  第五节 低噪声路面 ··· 124
第九章 道路交通环境影响研究案例 ·· 128
  第一节 城市出租汽车空气污染减排和管理的模型框架 ······················· 128
  第二节 考虑空驶距离的出租汽车空气污染排放模型 ··························· 132
  第三节 道路立交机动车空气污染排放模型 ······································· 136
  第四节 考虑碳排放成本的城市交通拥挤定价模型 ······························ 142
  第五节 基于环境保护的拥挤定价下的公交收费策略 ··························· 149
参考文献 ·· 154

第一章 绪论

第一节 道路交通环境问题及其特点

一、与环境相关的概念

(一)环境

环境(environment)是指以人类为主体的外部世界,也指人类的生存环境,即环境是指围绕着人群的空间,及其中可以直接、间接地影响人类生存和发展的各种自然环境要素和社会环境要素的总体。

(二)环境容量

环境容量是指某一区域的环境在其使用功能不受破坏的前提下,所能容纳的污染物的最大负荷量。环境中污染物的数量超过环境容量,这一环境的生态平衡和正常功能就会遭到破坏。

环境容量的大小主要取决于3个因素:
(1)环境背景条件

环境背景条件包括环境空间的大小,以及水文、气象、土壤、植被等环境要素的特征。环境空间越大,环境对污染物的容纳能力就越强,环境容量就越大。水体的流量越大,稀释扩散能力越强,水环境容量就越大;风速越大,越有利于污染物的扩散,大气环境容量就越大。

(2) 环境使用功能

环境使用功能不同,执行的环境质量标准也不同。例如,饮用水要执行《生活饮用水卫生标准》,农田灌溉用水的水质要符合《农田灌溉水质标准》。对高功能水域,要实施高标准保护;对低功能水域,可实施低标准保护。所以,环境使用功能的高低,决定着环境容量的大小。

(3) 污染物的物理化学性质

污染物的物理化学性质越不稳定,就越容易分解或转化,则环境的容量越大。

环境容量具有稀缺性的特点,因而是一种资源。从严格意义上讲,环境质量的控制目标是不容许污染物在环境中扩散。企业向环境排放污染物,实际上就是占用了环境容量资源。实行环境容量资源的有偿使用,是环境保护的重要手段。目前,环境容量的概念和评价方法已广泛应用于区域污染物排放总量控制和区域环境规划。

(三) 环境自净

环境自净是指在物理、化学和生物作用下,环境中污染物浓度不断降低的过程。环境自净是环境本身所具有的一种自我调节、自我保护功能。

环境自净包括物理净化、化学净化和生物净化3类:

(1) 物理净化

物理净化作用包括稀释作用、扩散作用、混合作用、吸附作用、沉降作用和挥发作用等。如水体中的污染物在流动过程中得到扩散而稀释,固体物质经沉淀而析出,污染物浓度降低,这是水体的物理净化作用。大气中的污染物在自然条件的影响下向空中扩散稀释,浓度大幅度下降;或是受重力作用,较重颗粒物沉降到地面,这是大气的物理净化作用。

(2) 化学净化

化学净化作用包括分解与化合、氧化与还原、水解与聚合作用等。如水体中的污染物可经氧化、还原、吸附和凝聚等化学反应而浓度降低。

(3) 生物净化

生物净化是通过生物活动,尤其是微生物的作用,将有毒有害污染物(如水中的有机污染物)分解转化为无害产物的过程。

环境自净过程的主要特征包括:

一是污染物浓度逐渐下降;

二是部分有毒污染物转化为低毒或无毒物质;

三是重金属污染物被吸附或转化为不溶性化合物,沉淀后进入底泥;

四是部分复杂有机物被微生物利用和分解,变成二氧化碳和水等代谢产物;

五是不稳定污染物转化成稳定物质。

影响环境自净过程的因素很多。如水体的水文地理条件、水温、微生物的种类与数量、污染物的组成、污染物浓度等,是影响水体自净的重要因素。影响生物净化的主要因素,包括环境的水热条件、供氧条件等。

环境自净能力的大小也被称为环境自净容量。环境自净容量在环境保护中具有重要意义,科学合理地利用环境自净容量,可节约环保投资。

(四)环境背景值

环境背景值是指在不受外来污染影响的条件下,水体、大气、土壤、生物等环境要素在其自身产生与发展过程中形成的化学元素组分的含量。环境背景值反映了环境质量的原始状态,故又称为环境本底值。

环境背景值是一个相对的概念。实际上,人类的生产活动已使环境污染遍布世界各地,很难找到绝对不受人类活动和环境污染影响的环境要素,水体、大气、土壤、生物等环境要素的化学组成和元素含量都已经发生了明显的变化。因此,只能在人类活动相对较少的地方获取环境样品,建立环境背景值,这是环境背景值在空间上的相对性。同时,环境背景值在时间上也是相对的。随着经济建设的发展,环境污染也在加剧,目前的环境污染程度已远远超过工业革命以前的环境污染程度,所以环境背景值具有时间上的相对性。

由于不同地区的环境物质组成与发展过程不同,环境背景值也不同,所以不同的地区有不同的环境背景值。同一地区,因发展阶段不同,环境背景值也不相同,所以同一地区在不同的发展时期有不同的环境背景值。

环境背景值根据环境要素的不同,可分为水体背景值、大气背景值、土壤背景值和生态环境背景值等。

二、道路交通环境问题的含义

道路交通环境问题是一个非常宽泛的概念,它是环境问题在道路交通领域的具体体现。交通领域涉及铁路、航空、公路、水运、管道等五种运输方式,是一个"大交通"的概念。本书所指的"道路交通"是以公路和城市道路为主的道路交通。因此,道路交通环境问题则指由于公路和城市道路等道路基础设施建设和运营而引起的环境问题。

公路是大型的基础性公共设施,修建公路对区域环境的影响是多方面的和深刻的,要根据具体情况分析评价拟建公路可能对区域环境质量产生的影响、影响的程度和采取的对策。实践证明,环境问题提前防治的费用要远远小于先污染再治理的费用。我国目前环境保护的基本原则和办法包括"预防为主""谁污染谁治理""强化环境管理"。

三、道路交通环境污染的特点

道路是由起点到终点、具有一定宽度的带状构筑物,其环境污染表现出线形、带状的特点。相较其他建设项目,其对环境的污染宽度相对较窄——一般为道路两侧一定范围的宽度,但单向污染距离大——沿道路延伸方向从道路起点直至道路终点。也就是说,道路延伸到哪里,污染就辐射到哪里。不仅如此,污染还会以道路为中心,向水平、垂直方向辐射,形成空间污染。

四、道路交通环境影响的表现

道路交通环境影响主要表现在社会环境影响、生态环境影响、环境空气影响和环境噪声影响等方面。

(一)社会环境影响

社会环境是指经过人的改造受过人的影响的自然环境,也就是人类在自然环境的基础上,通过有意识的社会劳动所创造的人工环境,它是人类劳动的产物,如工矿区、农业区、生活居住区、城镇、交通、名胜古迹、温泉、疗养院、风景游览区等。道路建设项目对社会环境的影响评价应从整个社会角度出发,评述项目对地区社会经济发展带来的影响,包括:对社区发展的影响、对居民生活质量和房屋拆迁的影响、对基础设施的影响、对资源利用的影响、对景观环境的影响等。

(二)生态环境影响

生态环境涉及面广、内容极为丰富。生态环境是指生物本身的生存条件和生存环境,即生物赖以生存的物质基础。道路的建设和运营对生态环境的影响包括:对水及水土流失的影响、对农业土壤与农作物的影响、对水环境的影响、对野生动植物及其栖息地的影响等。

(三)环境空气影响

道路投入运营以后,机动车辆在行驶过程中,使用石化燃料的发动机工作时排出的废气含有一氧化碳、碳氢化合物、氮氧化物和颗粒物等。机动车行驶消耗能源,还不同程度地产生水蒸气、二氧化碳、甲烷、氮氧化物和臭氧等温室气体。国内外的试验研究已经明确,机动车辆的排放物中,对人体健康有直接危害作用的包括:一氧化碳(CO)、二氧化氮(NO_2)、可吸入颗粒物(IP)和铅(Pb)等。同时也发现,上述污染物对其他动物、植物,以及人类赖以生存的水、土等环境均有不同程度的不利影响。

(四)环境噪声影响

声音超过人们生活和生产活动所容许的程度就成为噪声污染。公路由于车速高、交通量大,所产生的交通噪声会对沿线人群和环境造成一定的负面影响,有些地区的影响还很严重。虽然公路不在城市内部,但其要穿越城郊地区及乡村居民区,而目前生活在干线两侧的人口越来越多,加之公路上行驶的车辆中大中型车及重型车所占比例很大,因此交通噪声的污染十分严重。

实测表明,距高速公路50m内且高出路面的居民房屋,面向高速公路侧窗外的环境噪声水平超过标准值的幅度为2~5dB;距高速公路65m的学校教室,教学时段窗外的环境噪声水平超过标准值的幅度为5~7dB。噪声不仅能够对人体产生危害,引起听力损失,干扰正常的生活和工作,还会对语言通信、仪器设备和建筑物等产生不利影响。

第二节 道路交通环境影响评价在我国的应用和发展

一、我国开展道路交通环境影响评价的主要历程

环境影响评价的概念是美国于1969年提出的。20世纪70年代,欧美已基本建立了公路环保体系和管理体制。在公路建设过程中充分体现"环保优先"的原则,采取公路建设与环境保护统一规划、统一设计、统一施工,建设与保护并重的策略;并在公路规划、设计、施工和运营阶段都设立了相应的环境调查、环境治理和环境评价程序。

我国于1979年颁布了《中华人民共和国环境保护法（试行）》，明确了建设项目环境影响评价制度，该法于1989年正式实施，指导环境保护有关工作。交通运输行业是我国最早开展环保工作的行业之一，交通环境保护工作始于1973年。1987年交通部颁布《交通建设项目环境保护管理办法（试行）》，标志着道路建设项目环境影响评价工作正式启动；1990年6月16日，正式发布《交通建设项目环境保护管理办法》。我国高速公路的第一部环境影响评价报告书是1987年的《西安至临潼高速公路环境影响报告书》。20世纪90年代末，随着世界银行贷款项目的增多，我国道路交通建设项目的环境影响评价工作逐渐发展起来。1996年交通部颁布实施了《公路建设项目环境影响评价规范（试行）》（JTJ 005—96），并于2006年修订。2003年9月1日，《中华人民共和国环境影响评价法》正式实施，这使道路交通环境影响评价走上了规范化、程序化、法制化的轨道，也使道路交通环境影响评价技术得到了长足发展。交通运输部依法颁布了专项规划环评和公路水运建设项目环境监理等指导性文件，率先开展并推广了规划环评和工程项目环境监理工作。

调查显示，2006年起，重大交通建设项目环评的执行率基本达到100%。可以说，我国道路交通环境保护工作起步虽晚，但发展较快，在近三十年的时间里，取得了很大成绩。但是，目前我国的道路交通环境保护工作与发达国家相比还有一定差距，大约为发达国家20世纪90年代的水平，而环境保护技术水平也直接影响高等级公路的投资效益。

二、我国道路交通环境影响评价面临的主要问题

（一）道路交通环境影响评价的压力增大

随着国家对环境保护工作的重视程度日益提高，道路交通环境影响评价工作面临的压力也在逐步加大。因此，道路交通环境影响评价应在现有成绩的基础上，加大发展力度，进一步完善和加强相关工作。尤其是在评价工作的有效性上，要继续强化对环评科学性、准确性、实效性的检验，确保环评工作为项目决策提供可靠依据。此外，还应进一步加强后评价的研究工作，做好对环评的跟踪、比对、检验，以提高环评的科学性、准确性、实效性。

（二）有待改革和完善道路交通环境影响评价管理体系

目前，从事道路交通环境影响评价的单位主要是具有环境影响评价资质的环境保护科学研究院、相关高校和一些咨询单位。在实际的工作中，存在的主要问题是搞环境的人不够熟悉道路交通，搞道路交通的人不够熟悉环境，这就使得环境影响评价工作在对实际问题的分析上，往往不能到位。不仅如此，环评工作有时会涉及多个专业，对各个专业的协调有待深入研究和把握。因此，改革和完善道路交通环境影响评价管理体系，更好地开展道路交通环境影响评价工作是当前面临的重要问题之一。

（三）有待增加道路交通环境影响评价科研投入

2014年，全国公路（二级及以上公路）环保总投资约129.67亿元，与2013年相比，公路建设项目平均环保投资增长了3.74%，呈现一定的增长趋势，其中用于生态保护设施建设的投资比例有所下降，污染防治设施建设的投资比例有所上升。2014年完成公路总投资15 460.94亿元，比上年增长12.9%，增长幅度远大于环保投资。2014年全年公路和水路交通运输科研

基础条件建设完成投资仅12亿元,专门用于公路环境影响评价研究的资金则非常少。

(四)有待提高环评专业化水平,加强环境监测

道路交通环境影响评价工作的推进离不开人力资源的支撑,交通运输行业环评从业人员的专业化水平也需要进一步提高。今后一方面需通过加强培训等措施提高现有人员的专业水平;另一方面还应通过高校培养等途径进一步补充环评专业人才,切实承担起高水平的道路交通环境影响评价工作。公路管理部门对路域环境的监测也不够系统,现有的环境监测数据尚不能为道路交通环境影响评价工作提供足够的支撑。道路交通环境监测工作应在今后的环评工作中着力加强。

三、我国道路交通环境影响评价的发展趋势

(一)道路交通环境影响评价法律效力继续增强

随着2003年9月《中华人民共和国环境影响评价法》的施行,道路交通环境影响评价工作逐渐走上法制化、规范化的道路。今后,道路交通环境影响评价的法律效力将继续增强,环评结论的一票否决制将更有力度,环评工作各个环节的法律效力均将被进一步强化。

(二)道路交通环境影响评价技术要求更加严格

随着道路交通环境影响评价法律效力的增强,对环评工作各个环节的技术要求将更加严格。环评从业人员要严格按照法律和规范的规定开展工作,确保对建设项目情况和环境现状调查深入、评价标准和评价方法选用合理、数据真实可靠、环评结论可信。

(三)道路交通环境影响评价研究逐渐深入

目前,我国道路交通环境影响评价工作使用的方法和预测模式等多参照了美国和欧洲一些国家的相关经验,这些方法和预测模式对中国的适应性有待考证。为切实提高我国道路交通环境影响评价水平,使环评工作达到应有效果,目前急需对我国近三十年来的工作成果、经验、教训予以总结,提出尚待解决的问题并进行研究。在此背景下,道路交通环境影响评价相关的研究将逐渐深入,适合我国国情的道路交通环境影响评价方法和预测模式等将被提出。

(四)道路交通环境影响后评价得到重视

目前,在相关的法律和规范中,还没有对道路交通环境影响后评价的明确界定。但在研究领域,已经有一些专家学者对道路投入运营后的环境影响开展了研究,这一问题将会逐渐受到重视。道路交通环境影响后评价是关系到投资经济效益、社会效益、环境效益的重要问题,值得深入研究。

四、我国道路交通环境影响评价起到的主要作用

(一)保证道路建设项目路线方案和总体布局的合理性

公路和城市道路网合理的路线布局是保证国民经济和环境持续发展的前提条件,不合理

的布局将造成资源浪费和环境破坏。道路建设项目的环境影响评价过程，就是认识道路建设与生态环境保护相互依赖和相互制约关系的过程。在这个过程中，要考察社会、资源、交通、技术、经济、消费等因素，通过分析环境现状，阐明环境承受能力和防患措施，为道路建设项目持续健康发展提供保证，为道路沿线工业、农业、水利、林业、人口分布实现合理发展提供可能。

（二）为道路影响区域的社会经济发展和规划提供信息

道路交通环境影响评价有别于其他建设项目的环境影响评价，道路建设项目具有工程规模大、路线长、建设期和运营期对环境影响复杂等特点。环境影响评价可为项目施工期、运营期的环境管理，以及沿线的经济发展、城镇规划及建设提供科学依据。

（三）建立健全我国道路交通环境影响评价体系

目前，我国的道路交通环境影响评价体系还不够完善，因此要立足于道路建设与环境保护的具体情况，在借鉴别国经验和成果的基础上，结合我国道路交通环境影响评价的相关实践研究与工作，建立我国的道路交通环境影响评价体系，包括相应的指标体系、评价方法和评价手段。从这个方面讲，进行道路交通环境影响评价研究的一个重要意义就是有助于系统地建立符合我国国情的道路交通环境影响评价体系。

第三节　道路交通环境影响评价的含义及工作流程

一、道路交通环境影响评价的含义

环境影响评价是指对建设项目、区域开发计划及国家政策实施后，可能对环境造成的影响进行预测和估计。道路交通环境影响评价是环境影响评价在道路交通领域的发展和应用，是指对道路交通规划和建设项目实施后可能造成的环境影响进行分析、预测和评估，提出预防或者减轻不良环境影响的对策和措施，进行跟踪监测的方法与制度。

道路交通环境影响评价的目的是实施可持续发展战略，预防规划和建设项目实施后对环境造成不良影响，促进经济、社会和环境的协调发展。按照法律规定，道路交通环境影响评价必须客观、公开、公正，综合考虑规划和建设项目实施后对各种环境因素及其所构成的生态系统可能造成的影响，为决策提供科学依据。

二、道路交通环境影响评价的相关术语

（一）公路景观

公路景观指公路本身形成的景观以及公路沿线的自然景观和人文景观，即展现在行车者视野中的由公路线形、公路构造物和周围环境共同组成的图景。公路景观的构成包括内部景观和外部景观。

（二）公路内部景观

公路内部景观指公路路域范围内的工程构造物所构成的景观因子。主要包括：特大桥、互

通立交、隧道、跨线桥、路堑边坡、附属设施建筑物、声屏障等。

(三)公路外部景观

公路外部景观指公路路域外与公路及沿线设施关系较密切的环境景观因子。包括自然、人文两种景观类型,如风景名胜区、自然保护区、森林公园、文物古迹等。

(四)环境敏感区

环境敏感区包括饮用水水源保护区、自然保护区等需特殊保护地区;沙尘暴源区、荒漠中的绿洲等生态敏感与脆弱区;人口密集区以及具有历史、科学、民族意义的保护地等社会关注区。

(五)环境敏感点

通常将被公路穿过或临近公路的环境敏感区称为环境敏感点。它是公路项目特有的对环境敏感区的一种称呼,实际上是环境敏感区相对路线很长的公路而言的一种提法。环境敏感点的性质和范围,根据评价的环境要素不同而相应改变,因此,又可分为噪声敏感点、生态敏感点等。

(六)环境敏感路段

通常将穿过或临近环境敏感区的公路路段称为环境敏感路段,其长度一般对应于环境敏感点的大小,它也是公路项目特有的名词术语。与环境敏感点相似,环境敏感路段也可分为噪声敏感路段和生态敏感路段等。在公路环境评价中,经常把环境敏感点与环境敏感路段对应使用。

(七)敏感点评价

敏感点评价指对具体环境敏感点或环境敏感路段进行的评价,有时也称"敏感路段评价"。其涉及的路线长度视敏感点大小而定,通常仅为数百米或数公里,评价的依据均为"特定"或"实际"的数据。

(八)路段评价

路段评价是相对敏感点评价的一种说法,此处"路段"的长度往往较长,在"路段"内可包括几个敏感路段。通常对某种相似类型或具有相似评价参数的路段进行一般性评价,以给出某种"平均"状态的评价。如在噪声评价中,经常按交通量预测划分几个路段(高速公路,一般以互通立交为节点),在路段内以路段平均路基高度、平均交通量来预测说明本路段"平均"或"一般"的噪声污染水平。

三、道路交通环境影响评价的工作流程

(一)环境影响评价的工作程序

以建设项目环境影响评价为例,我国环境影响评价工作大致可以分为准备阶段、正式工作

阶段、报告书编制阶段,各种类型环境影响评价的具体工作流程见第二章。

(二)道路交通环境影响评价工作等级的确定

评价工作等级是对环境影响评价中各单项影响评价及其他专题评价深度的划分。各单项环境影响评价分为三个工作等级,一级评价最详细,二级次之,三级较简略。各单项环境影响评价工作等级划分的详细规定,可参阅中华人民共和国环境保护行业标准《环境影响评价技术导则 总纲》中的相关规定。工作等级的划分依据如下:

(1)建设项目的工程特点(工程性质、工程规模、能源及资源的使用量及类型等)。

(2)项目所在地区的环境特征(自然环境特点、环境敏感程度、环境质量现状及社会经济状况等)。

(3)国家或地方政府所颁布的有关法规(包括环境质量标准和污染物排放标准)。

对于某一具体建设项目,在划分各评价项目的工作等级时,根据建设项目对环境的影响、所在地区的环境特征或当地对环境的特殊要求情况,可以作适当调整。

(三)道路交通环境影响评价大纲的编写要点

道路交通环境影响评价大纲是环境影响评价报告书的总体设计和行动指南。评价大纲应在开展评价工作之前编制,它是具体指导环境影响评价的技术文件,也是检查报告书内容和质量时的主要判断依据。大纲应在充分研读有关文件、进行初步工程分析和环境现状调查后形成。评价大纲一般包括以下内容:

(1)总则。包括评价任务的由来、编制依据、污染控制和环境保护目标、采用的评价标准、评价项目及其工作等级和重点等。

(2)建设项目概况。

(3)拟建项目地区的环境简况。

(4)建设项目工程分析的内容与方法。

(5)环境现状调查。根据已经确定的各评价项目工作等级、环境特点和影响预测的需要,尽量详细地说明调查参数、调查范围及调查的方法、时期、地点、次数等。

(6)环境影响预测与环境影响评价的内容与方法。包括预测方法、内容、范围、时段及有关参数的估值方法,对于环境影响综合评价,应说明拟采用的评价方法。

(7)评价工作成果清单。包括拟提出的结论和建议。

(8)评价工作组织计划与安排。

(9)经费概算。

第二章
道路交通环境影响评价概述

第一节 道路交通规划环境影响评价

一、道路交通规划环境影响评价的含义

根据《中华人民共和国环境影响评价法》，规划环境影响评价(planning environmental impact assessment, PEIA)是指对规划实施后可能造成的环境影响进行分析、预测和评估，提出预防或者减轻不良环境影响的对策和措施，进行跟踪监测的方法与制度。就其功能、目标和程序而言，规划环境影响评价是一种结构化的、系统的和综合的过程，用以评价规划(plan/program)的环境效应(影响)。规划应有多个可替代的方案，需通过评价将结论融入拟制订的规划中或提出单独的报告，并将成果体现在决策中，以保障可持续发展战略落实在规划中。

根据上述要求，道路交通规划环境影响评价是对要实施的交通政策或编制的公路网规划、城市交通综合规划、公共交通规划等专项规划可能造成的环境影响进行系统的识别、分析、预测和评估，从环境保护角度寻求最佳方案，提出环境问题的减缓措施和建议，以使政策或规划实施后产生的不利环境影响降至最低。

二、评价的目的、原则、步骤、范围

（一）目的

（1）识别公路网规划等实施面临的主要资源环境制约因素，提出规划应该满足的环境保护要求，为规划决策提供所需的资源环境信息。

（2）评价规划实施对区域生态系统、环境质量、自然资源、社会环境等方面的影响，论证规划公路网规模、布局的环境合理性和规划实施环境目标的可达性，有针对性地提出规划优化调整建议与环境保护措施，从源头上预防或减轻公路网规划实施中可能造成的生态破坏和环境污染，促进规划区域社会、经济和环境三者之间的协调发展。

（二）原则

（1）必须包括规划涉及的过去、现在和将来的行动。
（2）必须包括规划涉及的各级政府、非政府机构和私人的行动。
（3）集中注意每个受影响的资源、生态系统和人类社区。
（4）注意那些真实的、具有意义的影响。

规划环境影响评价所需的信息来源主要是：咨询机构、公众意见、评价人员个人的知识和经验、规划的目的和要求、规划建议书的前期研究、专家意见、环保部门分析意见等。

（三）步骤

（1）识别与规划有关的重大问题并明确评价目的。
（2）确认评价工作的空间范围。
（3）确认评价工作的时间范围。
（4）识别能影响各种资源、生态系统和人类社区的其他活动。

（四）范围

（1）空间范围

①生态影响评价范围，应按照规划涉及的范围确定，涵盖规划实施的直接影响区和间接影响区，并依据规划涉及的重要环境敏感区的生态完整性要求适当扩大。

②水环境影响评价范围，应包括规划公路网可能穿（跨）越或影响的重要水体，并重点关注水源涵养区、饮用水水源保护区、Ⅰ类和Ⅱ类水环境功能区等。

③大气、资源、能源、社会经济等的影响评价范围，应按规划涉及的行政区范围确定，并关注重要的城市规划区。

④声影响评价范围，应涵盖沿线道路中心线外两侧 200m 范围及公路网规划实施可能涉及的重要环境敏感目标。对于一个具体的规划，分析范围应包括拟议规划直接作用的区域；如果规划项目所在区域较为敏感，可以适当扩大评价范围。

确定规划环境影响评价的空间范围时通常考虑以下两个因素：

一是地域的现有地理属性（流域、盆地、山脉等）、自然资源特征（森林、草原、湿地、荒漠、渔场等）和人工边界（如公路、铁路或运河）；

二是已有的管理边界,如行政区等。

(2)时间范围

一般是指规划的实施期间,应与规划年限及规划总体目标、阶段性目标相一致,必要时可依据规划实施可能产生的长期性环境影响适当延长时限。

三、评价工作程序

(一)评价工作的基本步骤

(1)根据专项规划的性质、目的和目标,以及实施区域的特点进行筛选,确定开展环境影响评价的具体要求,即对于项目导向性的专项规划需要编写环境影响报告书,而政策导向性的专项规划则需要编写环境影响篇章或环境影响说明。

(2)对于项目导向性的专项规划,需要编制评价工作大纲,界定评价范围,确定评价准则、标准和指标体系。

(3)对规划方案及其替代方案进行详细分析、评估与比较。

(4)设计不同的幕景及应考虑的内容,以辅助澄清不确定性。

(5)对规划实施过程中可能对环境造成的影响进行分析、预测和评估。

(6)提出预防或者减轻不利环境影响的对策和措施。

(7)提出规划实施过程中的环境影响监测和跟进评价工作计划。

(8)实施对上述过程的专家咨询和公众参与。

(9)编写各专题报告并编制环境影响报告书。

(10)审查与修改评价报告。

(11)对环境有重大影响的规划,编制部门应组织跟踪评价。

规划环境影响评价工作的实施步骤见图2-1。

(二)评价工作大纲的编制程序

评价工作大纲编制,包括准备工作、初步研究与大纲编写3个阶段,见图2-2。具体内容包括:

(1)对专项规划进行初步分析,包括对其层次性、目标、作用对象与涉及领域、实施区域与时段、推荐方案及替代方案、措施等进行初步研究。

(2)对区域现状进行调查与初步分析,包括对实施区域,即可能影响到的区域的自然、社会、经济等现状资料进行收集与初步研究,必要时进行现场调查。

(3)对相关政策、规划及计划进行收集与初步研究,包括该规划编制与实施所依据的法律、法规、政策、规划与计划等,以了解该规划编制的背景。

(4)类比调查与初步研究,包括对同一区域的其他相关规划环境影响评价、其他区域的相同规划环境影响评价进行类比调查。

(5)识别影响因素、建立评价指标体系与选择评价标准。

(6)确定评价工作的范围与重点内容。

(7)选择评价的技术路线与方法。

(8)制订规划环境影响评价的实施计划,包括进度时间表、课题组成员及相应的分工、经

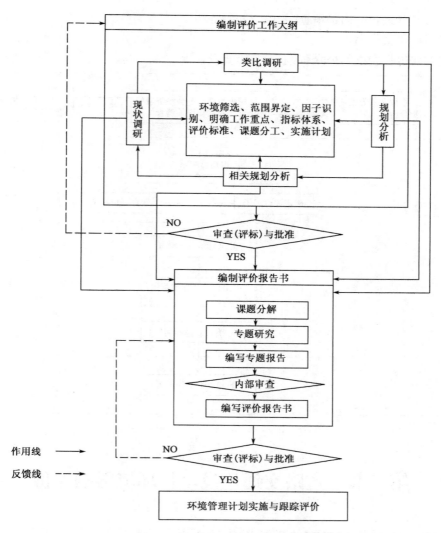

图 2-1　规划环境影响评价工作的实施步骤

费概算等。

（9）编制、审查与修改评价工作大纲。

（三）评价报告书的编制程序

评价报告书编制阶段的工作内容,主要包括现状调查与分析、各专题研究与报告编制、报告书编写与修改。

（1）现状调查。已有资料收集、现场调查与监测、走访有关部门,是了解和拟订与规划密切相关的社会、经济、资源、生态、环境背景与现状的基本方法。

（2）整理资料及数据,分析与评价区域现状,尤其应注意分析社会、经济、环境之间的相互关系,评价现状及规划影响下的不同时期的区域社会经济环境预测情况与区域环境承载能力的相容性。

（3）由各专题的负责人带领各自课题小组分别完成各专题报告。

(4) 进行专题报告的内部审查、修改与完善。
(5) 编写评价报告书。
(6) 完成评价报告书的公众咨询、专家审查及修改。

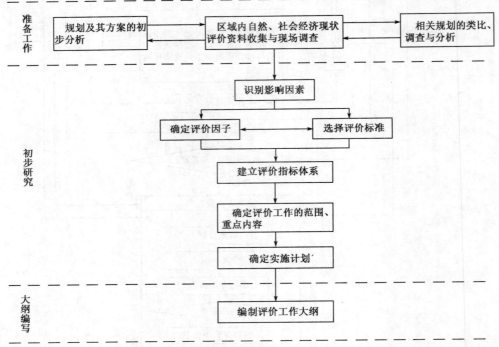

图 2-2　规划环境影响评价工作大纲编制程序

第二节　道路交通建设项目环境影响评价

一、道路交通建设项目环境影响评价的含义

道路交通建设项目环境影响评价是指在道路交通建设项目的可行性研究阶段,对项目建设运营可能产生的自然环境、社会环境影响,噪声、空气污染等影响,进行系统的识别、预测、分析、评价,提出切实可行的环境保护措施,以使产生的负面影响降至最低。道路交通建设项目环境影响评价的根本目的,就是鼓励在规划和决策中考虑环境因素,使项目成为更具环境兼容性的人类活动。

根据《中华人民共和国环境影响评价法》,道路交通建设项目的环境影响评价,应当避免与规划的环境影响评价相重复;作为一项整体建设项目的规划,按照建设项目进行环境影响评价,不进行规划的环境影响评价;已经进行了环境影响评价的规划所包含的具体建设项目,其环境影响评价内容可以简化。

二、评价管理程序

按照《中华人民共和国环境影响评价法》和《建设项目环境保护管理条例》,国家根据道路交通建设项目对环境的影响程度对建设项目实行分类管理。《建设项目环境影响评价分类管理名录》于 2015 年 3 月 19 日由环境保护部部务会议修订通过,自 2015 年 6 月 1 日起施行。建设项目环境影响评价管理程序依据《建设项目环境影响评价分类管理名录》建立和实施。其内容主要包括:环境影响的分类筛选、环境敏感区的识别确认和环境影响评价技术文件的审批等。

(一)环境影响的分类筛选

根据《建设项目环境影响评价分类管理名录》,国家根据建设项目对环境的影响程度,对建设项目的环境影响评价实行分类管理。建设单位应当按照本名录的规定,分别组织编制环境影响报告书、环境影响报告表或者填报环境影响登记表。

(1)建设项目对环境可能造成重大影响的,应当编制环境影响报告书,对建设项目产生的污染和对环境的影响进行全面、详细的评价。

(2)建设项目对环境可能造成轻度影响的,应当编制环境影响报告表,对建设项目产生的污染和对环境的影响进行分析或者专项评价。

(3)建设项目对环境影响很小,不需要进行环境影响评价的,应当填报环境影响登记表。

《建设项目环境影响评价分类管理名录》未作规定的建设项目,其环境影响评价类别由省级环境保护行政主管部门根据建设项目的污染因子、生态影响因子特征及其所处环境的敏感性质和敏感程度提出建议,报国务院环境保护行政主管部门认定。

(二)环境敏感区的识别确认

根据《建设项目环境影响评价分类管理名录》,环境敏感区主要是指依法设立的各级各类自然、文化保护地,以及对建设项目的某类污染因子或者生态影响因子特别敏感的区域,主要包括:

(1)自然保护区、风景名胜区、世界文化和自然遗产地、饮用水水源保护区。

(2)基本农田保护区、基本草原、森林公园、地质公园、重要湿地、天然林、珍稀濒危野生动植物天然集中分布区、重要水生生物的自然产卵场、索饵场、越冬场和洄游通道、天然渔场、资源性缺水地区、水土流失重点防治区、沙化土地封禁保护区、封闭及半封闭海域、富营养化水域。

(3)以居住、医疗卫生、文化教育、科研、行政办公等为主要功能的区域,文物保护单位,具有特殊历史、文化、科学、民族意义的保护地。

《建设项目环境影响评价分类管理名录》规定,建设项目所处环境的敏感性质和敏感程度,是确定建设项目环境影响评价类别的重要依据。涉及环境敏感区的建设项目,应当严格按照本名录确定其环境影响评价类别,不得擅自提高或者降低环境影响评价类别。环境影响评价文件应当就该项目对环境敏感区的影响作重点分析。

(三)环境影响评价技术文件的主要内容

按照《中华人民共和国环境影响评价法》,建设项目的环境影响报告书应当包括下列内容:

(1)建设项目概况。

(2)建设项目周围环境现状。

(3)建设项目对环境可能造成影响的分析、预测和评估。

(4)建设项目环境保护措施及其技术、经济论证。
(5)建设项目对环境影响的经济损益分析。
(6)对建设项目实施环境监测的建议。
(7)环境影响评价的结论。

涉及水土保持的建设项目,还必须有经水行政主管部门审查同意的水土保持方案。

环境影响报告表和环境影响登记表的内容和格式,由国务院环境保护行政主管部门制定。

(四)环境影响评价技术文件的审批

根据《中华人民共和国环境影响评价法》和《建设项目环境影响评价文件分级审批规定》,对建设项目环境影响评价技术文件实行分级审批制,由各级环境保护行政主管部门按照规定权限依法组织审批,并决定是否给予行政许可。

上级环境保护行政主管部门对下级环境保护行政主管部门超越法定职权、违反法定程序做出的环境影响评价审批决定,有权予以撤销。

三、评价工作程序

编制建设项目环境影响报告书时,其环境影响评价工作大体分为三个阶段:

第一阶段为准备阶段,主要工作为研究有关文件资料,进行初步的工程分析和环境现状调查,识别环境影响因素,筛选评价因子,明确评价重点,确定各专项评价的范围和工作等级,编制环境影响评价大纲。

第二阶段为正式工作阶段,主要工作为进一步进行工程分析和环境现状调查与评价,开展清洁生产分析,进行环境影响预测与评价,分析环境保护措施的经济、技术可行性,论证项目选址或选线的环境可行性,提出环境监测和管理制度。

第三阶段为环境影响报告书编制阶段,主要工作为汇总、分析第二阶段工作所得的各种资料、数据,给出评价结论,提出环境保护措施与建议,完成环境影响报告书的编制。

对于分不同阶段规划建设的项目,应按项目建设的不同阶段进行环境影响的识别、筛选,开展环境影响的预测和评价。

需要特别指出的是,如果环境影响评价对建设项目的拟选地址给出否定结论,则必须另行选址,并对新选址按规定程序重新进行环境影响评价。优化选址方案时,则必须对各种选址方案分别进行预测和评价。

编制建设项目环境影响报告表时,参照上述工作程序进行。一般情况下,可不编制环境影响评价大纲,但环境影响报告表的专项评价应按专项评价导则要求编制。

道路交通建设项目环境影响评价的工作程序,如图2-3所示。

四、公路建设项目环境影响评价的内容及要点

公路建设项目环境影响评价应考察的环境要素主要有生态环境、水土保持、地表水环境、声环境、环境空气等,如图2-4所示,具体项目评价的环境因子应经过环境影响识别与筛选后确定。评价应按项目工程特点、区域环境特征及环境功能区划等进行路段(敏感点)划分,并确定各路段工作重点和工作内容。生态环境、声环境和环境空气影响评价划分为三个工作等级,其他环境要素影响评价可只进行敏感路段与一般路段的划分,并确定相应评价工作深度。

第二章 道路交通环境影响评价概述

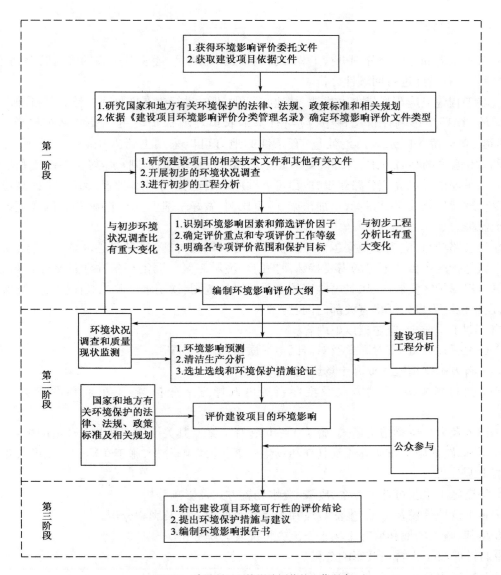

图 2-3 建设项目环境影响评价的工作程序

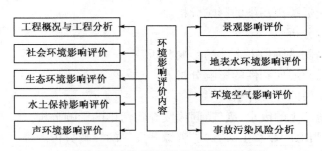

图 2-4 公路建设项目环境影响评价主要内容

根据《公路建设项目环境影响评价规范》(JTG B03—2006),公路建设项目环境影响评价主要内容如下。

(一)工程分析

应对施工期和运营期分别进行工程分析,对改扩建项目,还应对相关的既有公路污染源、环境现状、已有措施进行回顾性分析。

公路工程建设应当尽量少占耕地、林地和草地,及时进行生态恢复或补偿。经批准占用基本农田的,在环境影响评价文件中,应当有基本农田环境保护方案。要严格控制路基、桥涵、隧道、立交桥等的永久占地数量,有条件的地方可以采用上跨式服务区。尽量减少施工道路、场地等的临时占地,合理设置取弃土场和砂石料场,因地制宜做好土地恢复和景观绿化设计。平原微丘区高速公路建设,应尽可能顺应地形地貌,采用低路基形式。山区高速公路建设要合理运用路线平纵指标,增加桥梁、隧道比例,做好路基土石方平衡,防止因大填大挖加剧水土流失。

新建公路项目,应当避免穿越自然保护区核心区和缓冲区、风景名胜区核心景区、饮用水水源一级保护区等依法划定的需要特殊保护的环境敏感区。因工程条件和自然因素限制,确需穿越自然保护区实验区、风景名胜区核心景区以外范围、饮用水水源二级保护区或准保护区的,建设单位应当事先征得有关部门同意。

施工期工程分析,应包括以下内容:
①征地拆迁数量、安置方式及对居民生活质量的影响分析。
②土石方平衡情况和取弃土场影响分析。
③主要材料来源、运输方式及主要料场可选择方案分析,施工车辆和设施噪声影响分析。
④特大及大型桥梁结构形式、施工工艺可选择方案及其关键施工环节对环境的影响分析;
⑤路基、路面施工作业方式及其拌和场生产工艺及影响分析,施工车辆和机械设备对环境空气的影响分析。
⑥隧道施工工艺可选择方案,废渣、废水处置方式及影响分析。
⑦施工营地规模及选址、生活垃圾和生活污水处置方式及影响分析。
⑧路基、施工场地和取弃土场水土流失情况及影响分析。
⑨特殊路段工程特点及影响分析。

运营期工程分析,应包括以下内容:
①汽车尾气和交通噪声污染的影响分析。
②事故污染风险分析。
③路面汇水对路侧敏感地表水体的影响分析。
④对景观及居民交通便利性的影响分析。
⑤对区域经济发展的影响分析。
⑥附属服务设施产生的废水、废气、固体废弃物污染的影响分析。
⑦对基础设施、当地产业及生活方式、资源开发等的影响分析。

工程分析应给出拆迁安置方式可行性的定性分析意见,取弃土场所选择的要求,施工营地选择的要求,施工期临时水土保持防护措施的要求,附属服务设施布设及生活污水、锅炉烟气处理的要求。

(二)社会环境影响评价

(1)评价因子与评价范围

社会环境影响评价,包括区域社会环境影响评价和沿线社会环境影响评价。区域社会环境影响评价因子一般为矿产资源利用、工农业生产、地区发展规划、旅游资源、文化教育等,评价范围宜是线路直接经过的市、县一级行政辖区,或可行性研究报告中划定的直接影响区。沿线社会环境影响评价因子一般为社区发展、农村生计方式、居民生活质量、征迁安置、土地利用、基础设施、文物古迹、旅游资源等,评价范围宜是受公路直接影响的区域,评价对象为直接受影响的个人、群体或单位。

(2)评价内容与工作基本要求

应根据地区特点和工程特征,对各评价因子的重要程度进行研究,并进行筛选。评价内容应根据评价因子筛选结果确定。对确定为重大影响的评价因子进行详评,中等影响的因子进行简评,轻度影响的因子进行简评或不评。社会环境影响评价包括以下内容:

①项目建设对直接影响区社会经济发展、规划和产业结构等的宏观影响。
②项目建设对征地拆迁和再安置的影响。
③项目建设对公路沿线民众的生计方式、生活质量、健康水平、通行交往等的影响。
④项目建设对沿线基础设施(含防洪)的影响。
⑤项目建设对沿线社区发展及土地利用的影响。
⑥项目建设对项目直接影响区旅游和文化事业发展的促进作用。
⑦项目建设对项目直接影响区交通运输体系的改善作用。
⑧项目建设对直接影响区矿产资源开发和工农业生产的宏观影响。
⑨项目建设对沿线文物和旅游资源保护与开发的影响。
⑩其他一些特殊或具体问题的分析,如对少数民族、宗教习俗等的影响。

环境影响评价时需要注意公路敏感目标,包括居民集中点、学校、医院等,特别注意敏感点与线路的距离、高差、相对位置,以及直接影响人数等。根据项目公路等级、建设规模、所处位置、所在地区自然和社会环境特征等具体情况,分路段对社会环境影响因子进行筛选,确定其重要程度。社会环境影响评价因子筛选表如表2-1所示。

社会环境影响评价因子筛选表　　表2-1

评价时段	农民生计方式	生活质量	拆迁安置	矿产资源	土地利用	基础设施	文物古迹	地区发展规划	通行交往	工农业生产	旅游资源	社区发展	…
施工期													
运营近期													
运营中期													

注:可用以下符号表示影响强度:
●-重大影响;▲-中等影响;○-轻度影响;- -负影响;+ -正影响。

(3)现状评价

现状评价应重点分析沿线社会环境评价范围内居民的生活、生产条件和承受能力,并指出项目应重视的社会环境敏感因素,主要包括以下内容:

①居民生活质量及生计方式。
②基础设施总体水平。
③主要工业门类及其发展状况。
④土地利用现状及发展规划。
⑤农林牧副渔业发展状况。
⑥矿产资源及其开发情况。
⑦重要旅游资源及旅游业发展状况。
⑧重要文物资源保护及开发状况。
⑨交通运输业发展状况。

(4) 社会环境影响分析评价

社会环境影响分析评价主要有以下内容：
①项目建设对社区发展的影响。
②对农村生计方式与生活质量的影响。
③征迁、安置分析与评价。
④对基础设施的影响。
⑤对资源利用的影响。
⑥对发展规划的影响。
⑦针对社会环境影响评价中叙述的不利环境影响，应提出相应的减轻或消除不利影响的措施、对策与建议。

除国家规定需要保密的情形外，编制环境影响报告书的公路项目，建设单位应当在报批环境影响报告书前，采取便于公众知悉的方式，公开有关建设项目环境影响评价的信息，收集公众反馈意见，并对意见采纳情况进行说明。环保主管部门在受理环境影响报告书后，应当向社会公告受理的有关信息，必要时，可以通过听证会、论证会、座谈会等形式听取公众意见。

(三) 生态环境影响评价

(1) 评价等级

按公路所经地区的不同生态系统类型进行分段评价，分别确定评价工作等级。应针对可能产生重大影响的工程行为及其涉及的敏感生态系统，明确重点评价区域和关键生态影响因子。划分的三个等级如下：

①三级评价。要求评价范围内无野生动植物保护物种或成片原生植被，不涉及省级及省级以上自然保护区或风景名胜区，不涉及荒漠化地区、大中型湖泊、水库或水土流失重点防治区。

②二级评价。对象为范围内涉及荒漠化地区、大中型湖泊、水库或水土流失重点防治区，但无野生动植物保护物种或成片原生植被，不涉及省级及省级以上自然保护区或风景名胜区的路段。

③一级评价。对象为范围内涉及野生动植物保护物种或成片原生植被，或涉及省级及省级以上自然保护区、风景名胜区的路段。

(2) 评价范围

根据评价等级的划分，确定的评价范围如下：

①三级评价范围为公路用地界外不小于100m；二级评价范围为公路用地界外不小于200m；一级评价范围为公路用地界外不小于300m。当项目建设区域外有高陡山坡、峭壁、河流等形成的天然隔离地貌时，评价范围可以取这些隔离地物为界。

②省级及省级以上自然保护区的实验区划定边界距公路中线不足5km者，宜将其纳入生态环境现状调查范围，并根据调查结果确定具体评价范围。

③对受工程建设直接影响的原生、次生林地，应以其植物群落的完整性为基准确定评价范围。

（3）现状调查

生态环境现状调查，包括以下内容：

①走访项目直接影响区县级及以上环境保护、林业、农业、渔业、水利、矿产资源等政府部门，了解相关的环境保护法规并就具体问题进行咨询。对于改扩建项目，还应调查既有的生态环境影响和存在的问题。

②收集项目直接影响区县级及以上人民政府批准的生态规划、城镇规划、土地利用总体规划、水土保持规划，及自然资源现状分布、野生动植物分布的资料和图件。

③收集项目直接影响区县级及以上人民政府划定的自然保护区、风景名胜区、森林公园的现状分布与规划图，查明保护区与项目之间的相对位置关系。

④收集项目直接影响区县级及以上人民政府划分水土流失重点监督区、重点治理区和重点预防保护区的通告。

⑤根据需要收集项目直接影响区地形图、卫星照片或航测照片。

⑥应对进行一级或二级评价的较敏感的工程影响区域实地调查，调查内容应包括：地形、地貌特征；土壤侵蚀类型、特点和程度；植被类型及其相应的分布；优势植物种类及其覆盖率，受影响的古树名木的位置、树种，野生保护植物的种类及分布；野生保护动物的种类、分布、活动区域和迁徙路线；自然保护区、风景名胜区及森林公园的位置、分布、性质和保护级别。

（4）现状评价

三级评价要求结合项目地理位置图、土地利用现状图、地表水系图，说明项目直接影响区的生态系统类型、主要生态问题及其发展趋势；重点描述、分析土地资源及其利用情况、动植物区系、主要物种、植被覆盖率、项目区域生态环境宏观特征。

二级评价要求包括三级评价所列内容；阐明评价范围内自然保护区、风景名胜区、森林公园的基本情况，并说明其与项目间的空间位置关系；通过工程平纵面图、地形图、土地利用现状图、植被分布图、现场照片，结合生态规划、城镇规划和土地利用总体规划资料，对评价范围内的生态结构、主要生态因子现状及其抗干扰能力进行分析，并说明其变化趋势。

一级评价要求包括二级评价所列内容；绘制野生保护植物资源分布图和评价范围内的生物量图表；结合现场摄像和照片分析评价范围内的生态系统结构、稳定性、物种多样性、抗干扰能力及其变化趋势；有条件时可采用地理信息系统、遥感等信息技术进行处理和分析。

对改扩建项目，还应说明项目已存在的生态环境影响和遗留问题，并给予分析和评价。

（5）生态环境影响预测评价

根据工程和评价区域的性质、特点，生态环境影响预测评价可单独或以组合方式采用类比预测法、图形叠置法及经验分析与专家咨询法。

三级评价要求分析项目征用土地对项目直接影响区土地资源和农林牧渔业生产、主要动植物物种、植被覆盖率的影响;分析项目直接影响区土地利用状况的变化。

二级评价要求包括三级评价所列内容;分析预测项目实施对评价范围内生态敏感区的潜在影响;分析预测工程实施对项目评价范围内列入保护名录的野生动植物和优势植被的影响,并在此基础上预测评价范围内主要生态因子和生态系统结构可能发生的变化。

一级评价要求包括二级评价所列内容;进行植物群落、动物栖息地、迁徙通道的影响分析,并分析评价范围内生态系统结构、稳定性、物种多样性的变化趋势;通过相关图表说明工程对评价范围内生态系统结构、功能及其抗干扰能力影响。

在进行影响评价时,需要高度注意环境影响评价范围内生态保护目标的特征,包括自然保护区功能分区,野生动物保护级别、分布及栖息地特征,是否为风景名胜区等;饮用水水源地位置,水源保护区级别、范围、取水口位置等。

可能对国家或者地方重点保护野生动物和野生植物的生存环境产生不利影响的公路项目,应当采取生物技术和工程技术措施,保护野生动物和野生植物的生境条件。可能阻断野生动物迁徙通道的,应当根据动物迁徙规律、生态习性设置通道或通行桥,避免造成生境岛屿化。可能影响野生植物和古树名木的,应优先采取工程避让措施,必要时进行异地保护。

(四)水土保持

(1)现状调查

水土保持现状调查,主要包括两部分内容,一是调查项目主要填挖方路段、主要取弃土场所处地带的水土流失现状及治理措施与效果、土壤侵蚀类别、强度及其相应的侵蚀面积,以及公路建设所占用不同类别水土保持防治分区的面积等。二是调查项目永久性占地、临时工程占地和取弃土场等占地的类别与数量。

(2)水土保持评价

依据现状调查结果,水土保持评价主要有以下内容:

①确定项目的水土流失防治责任分区。
②依据相关规范进行项目的水土流失预测及其危害性分析。
③分析评价主体工程设计中已采取的防护与排水工程、绿化工程等的水土保持功能。
④提出新增水土保持措施内容、投资估算及效益分析。
⑤图件应包括水土流失现状图、工程总体布置图、防治分区及措施布局图等。
⑥对改扩建项目,应分析评价已有各项水土流失防治措施的效果,并结合实际提出新增措施及其投资估算。

(五)声环境影响评价

声环境影响评价,包括施工期噪声影响评述和运营期交通噪声影响评价。运营期评价划分为路段交通噪声评价和敏感点(路段)噪声评价,其中敏感点(路段)噪声评价应根据噪声敏感目标的位置、功能、规模及路段交通量确定评价工作等级;路段交通噪声评价只进行一般性预测分析。

(1)主要内容

噪声评价可以划分为三级,具体划分原则可参考相关规范,各级的评价内容如下:

三级评价工作,着重调查现有噪声源种类和数量;可全部利用当地已有环境噪声监测资料;可不进行噪声预测,噪声影响分析以现有资料或类比资料为主,对噪声超标范围、超标值及受影响人口分布进行分析;对超标的噪声敏感目标提出噪声防治措施。

二级评价工作,应选择代表性噪声敏感目标进行监测,并用于同类噪声敏感目标的环境现状评价;进行噪声预测,并绘制出其平面等声级图;给出公路运营近、中期的噪声超标范围、超标值及受影响人口分布;对超标的噪声敏感目标提出噪声防治措施,给出降噪效果分析。

一级评价工作,宜对噪声敏感目标逐点进行监测,并用于同类噪声敏感目标环境现状评价;进行噪声预测,并绘制出其平面等声级图;对于高层建筑,还应绘制出立面等声级图;给出公路运营近、中期的噪声超标范围、超标值及受影响人口分布;对超标的噪声敏感目标提出噪声防治措施,并进行技术经济论证,给出最终降噪效果。

(2)现状评价

声环境现状评价,主要包括以下内容:

①评价范围内现有噪声源的种类、数量、与路线位置关系及相应的噪声级。
②评价范围内的环境噪声级、噪声超标情况。
③评价范围内的噪声敏感点、保护目标、人口分布等。
④评价范围内的声环境功能区划。
⑤现有交通噪声分布情况。

(3)声环境影响预测评价

声环境影响预测,应严格按照国家和行业有关技术规范导则进行,并结合公路工程可行性研究阶段线位不确定性的特点,提出相应的噪声污染防治措施。经过噪声敏感建筑物集中区域的路段,应通过优化路线设计方案、使用低噪路面结构等进行源头控制,采取搬迁、建筑物功能置换、设置声屏障、安装隔声窗、加强交通管控等措施进行防治,减轻公路交通噪声污染影响,确保达到国家规定的环境噪声标准。严格控制公路两侧噪声敏感建筑物的规划和建设,防止产生新的噪声超标问题。

(六)景观影响评价

公路景观评价,分为内部景观评价与外部景观评价。内部景观评价对象为工程构造物,外部景观评价对象为景观敏感区。其中,应对工程构造物的造型、色彩等美学特性及其与周围环境的协调性进行评价;内部景观评价,应选取代表性构造物进行评价。应对景观敏感区的完整性、美学价值、科学价值、生态价值及文化价值等因公路建设所受到的影响进行评价;外部景观评价,应对景观敏感路段逐段进行评价。

景观评价时,可采用"文字描述"结合"效果模拟分析"的方法对工程构造物的美学特性进行评价,采用"文字描述"及"眺望点视觉模拟分析法"对景观敏感区受到的影响进行评价,对特别敏感的景观敏感区还可采用"专家评议法"。

(七)地表水环境影响评价

地表水环境影响评价,只对公路所经区域河流(包括河口)、湖泊、水库进行环境影响评价,不包括沼泽、冻土区以及水生生态。运营期评价可根据项目具体的污染特征和地表水环境现状,划分敏感路段和一般路段分别进行评价。

(1)评价范围

①路中心线两侧各 200m 范围内;路线跨越水体时,扩大为路中心线上游 100m、下游 1 000m范围内。

②当建设项目污水直接排入城市排水管网时,评价点应为建设项目污水排入城市排水管网的接纳处。

③当项目排污受纳水体为开放性地表水水域(含灌溉渠道)时,评价范围应为建设项目排污口至下游 100m。

④当项目排污的受纳水体为小型封闭性水域时,评价范围为整个水域。

(2)现状调查

①收集污水受纳水域的水体位置、常规水文资料和调查范围内水域的常规水质监测资料,绘制水系分布图。

②调查受纳水体的水系构成、环境功能区划、使用功能、污染物总量控制指标。

③调查原则是尽量利用现有的资料和数据。

④调查改扩建项目在改建前的污水排放量、既有水质监测资料、污水排放去向、受纳水体环境功能区划,绘制污水排放去向图。

(3)现状评价

地表水环境现状评价,应根据水环境现状资料,对受纳水体地表水环境质量分项进行达标状况评价。对改扩建项目,应评价既有污水排放的达标现状,并对既有污染源污水处理设施的处理效果和处理能力进行评述。

公路建设应特别重视对饮用水水源地的保护,路线设计时,应尽量绕避饮用水水源保护区。为防范危险化学品运输带来的环境风险,对跨越饮用水水源二级保护区、准保护区和二类以上水体的桥梁,在确保安全和技术可行的前提下,应在桥梁上设置桥面径流水收集系统,并在桥梁两侧设置沉淀池,对发生污染事故后的桥面径流进行处理,确保饮用水安全。

(4)地表水环境影响预测评价

施工期地表水环境影响评述,应符合以下规定:

①调查了解施工方案、施工临时驻地位置、集中机械维修点、大型隧道和桥梁施工点,以及相邻地表径流方向和水域功能。

②分析施工期废水排放的原因、地点及施工期废水的水质特征。

③可采用类比调查方法预测施工期污水排放量和污水水质,对照排放标准评价施工期排放废水可能产生的影响范围、影响程度和时效性。

运营期地表水环境影响评价,应符合以下规定:

①评价内容主要是服务区生活污水和洗车污水等。

②敏感路段应进行水环境现状评价和污染源预测评价,提出切实可行的水环境保护措施。

③一般路段不进行地表水环境影响评价,可简要说明污水排放数量、排放去向、受纳水体情况,并对照评价标准进行简要的环境影响分析,提出水环境保护措施。

(八)环境空气影响评价

环境空气运营期评价分为路段评价和敏感点(路段)评价。路段评价长度一般根据工程可行性研究报告中的交通量预测划分,敏感点(路段)评价长度按敏感目标分布确定。路段评价只进行一般分析评价,敏感点(路段)评价按环境空气敏感目标规模、路段交通量确定评价工作等级,按原则可划分为三个等级。

(1)划分原则

①三级评价。符合以下任一条件时:

运营近期交通量小于 20 000 辆/日(标准小客车)。

运营近期交通量大于 20 000 辆/日(标准小客车),小于 50 000 辆/日(标准小客车),且评价范围内无 50 户以上居民区、学校等敏感目标。

②二级评价。符合以下任一条件时:

运营近期交通量小于 50 000 辆/日(标准小客车),大于 20 000 辆/日(标准小客车),但评价范围内有 50 户以上居民区、学校等敏感目标。

运营近期交通量大于 50 000 辆/日(标准小客车),且评价范围内无 50 户以上居民区、学校等敏感目标。

③一级评价。符合以下条件时:

运营近期交通量大于 50 000 辆/日(标准小客车),且评价范围内有 50 户以上的居民区、学校等敏感目标。

敏感点(路段)如同时符合不同评价等级的条件时,按较高等级评价。

(2)工作基本要求

①三级评价:

在现有资料基础上分析环境空气质量现状。

采用类比分析法对路段两侧评价范围内环境空气影响进行一般性描述分析。

②二级评价:

充分利用现有资料进行现状评价分析,必要时可进行补充监测与评价。

对代表性环境空气敏感目标进行评价,并反馈于其他环境空气敏感目标。预测时可采用类比分析法或模式计算法。

③一级评价:

对代表性环境空气敏感目标进行现状监测,采用单因子指数法进行现状评价。

采用模式预测法对敏感点(路段)的污染物扩散浓度进行逐点预测与评价。

施工期评价因子为总悬浮颗粒物(TSP),必要时增加沥青烟。运营期评价因子为二氧化氮(NO_2),必要时增加一氧化碳(CO)。

(3)现状评价

环境空气现状评价,主要包括以下内容:

①调查评价范围内地形、地貌特点和现有工业污染源的情况,收集当地政府制订的功能区划分、环境空气质量执行标准和发展规划,划分评价路段,确定环境空气敏感点。

②收集项目直接影响区环境空气质量常规监测资料,统计分析各点的主要污染物的浓度值、超标量和变化趋势等。

③收集项目直接影响区近 1~3 年常规气象资料,包括年、季、月的气压、气温、降水、湿度、日照、主导风向、平均风速及稳定度频率等内容。

环境空气质量监测、评价方法详见《公路建设项目环境影响评价规范》。

(4) 环境空气质量预测

①施工期影响分析

对施工期的环境空气影响不作模式预测,可只根据现有资料进行类比分析。施工期评价重点为施工路面(含施工便道及新铺设路面)扬尘和场站(搅拌站及堆料场等)扬尘。

②运营期影响评价

对运营期汽车尾气中的污染物,可采用模式预测法或类比分析法估算其扩散浓度,三级评价可只作类比分析评述。

根据公路沿线设施的锅炉所采用的燃料种类,简要分析其烟尘排放情况,并提出排放控制的要求。

(九)事故污染风险分析

应对运营过程中危险化学货物的泄露进行事故污染风险分析。分析应重点针对敏感水体进行,并提出风险防范和管理对策。同时对公路分路段进行危害敏感性识别,识别重点应是处于敏感水体汇水区的路段。对确认的敏感路段,应根据事故风险、危害种类等,结合工程设计提出工程防范要求,应制订必要的应急报告制度及程序。

需要注意的是,环境影响评价文件经批准后,若公路项目的主要控制点发生重大变化、路线的长度调整30%以上、服务区数量和选址调整,需要重新报批可行性研究报告,以及防止生态环境保护措施发生重大变动;可能造成环境影响向不利方面变化的,建设单位必须在开工建设前,依法重新报批环境影响评价文件。

第三节 道路交通建设项目后评价

一、道路交通建设项目后评价的含义

道路交通建设项目后评价是建设项目基本建设程序完成后的必需环节,它是一种在项目实施运行以后(一般为2~3年),根据现实数据或变化了的情况,重新对项目的投资决策、前期工作及建设、运营效果进行考核、检验、分析论证,做出科学、准确的评价结论的技术经济活动。它不仅可以考察项目实施后的实际运行情况,衡量和分析实际情况与预测情况的差距,判断项目前评价中的预测、结论是否正确,而且可以分析原因,吸取教训,总结经验,根据变化的情况和实际运营情况为项目发展提出建议,为今后项目前评价工作的改进以及同类项目的立项决策和建设提供依据。

公路建设项目后评价是在公路通车运营2~3年后,用系统工程的方法,对建设项目决策、设计、施工和运营各阶段工作的成功与失误,进行全面的跟踪、调查、分析和评价。编制公路建设项目后评价报告的目的是通过全面总结,为不断提高决策、设计、施工管理水平,合理利用资金,提高投资效益,改进建设管理,制订相关政策等提供科学依据,以保证建设项目和整个公路基础设施建设的可持续发展。近几年,随着我国公路建设的快速发展和资金的大量投入以及公路建设项目管理的规范化和程序化,公路建设项目后评价在项目管理中的地位和作用越来越重要。

二、道路交通建设项目后评价的作用

道路交通建设项目后评价是提高项目投资决策和管理水平,提高项目可行性研究工作质量及保障项目成功运作的有效手段。后评价的作用主要表现在以下几个方面:

(1)总结项目管理的经验教训,提高项目管理水平。通过对已经完成项目的实际情况进行分析研究,后评价可以总结项目管理经验,指导未来项目管理活动,提高项目管理水平。

(2)提高项目决策科学化水平。建立完善的项目后评价内容、指标和方法体系,可以增强评价人员的责任感,促使评价人员努力做好可行性研究工作,提高项目预测的准确性;后评价的反馈信息也可以及时纠正项目决策和管理中存在的问题,从而提高未来项目决策和管理的科学化水平。

(3)为国家投资计划的制订及经济参数的完善提供依据。后评价反馈的信息能够体现宏观投资管理中的不足,促使国家及时地修正某些不适合经济发展的技术经济政策,和修订某些过时的指标参数,为项目评价方法及有关经济参数的制订及完善提供依据和建议,可对改进宏观决策起到重要的作用。

(4)促进道路交通建设项目投资效果的提高。开展后评价工作可以及时发现项目建设资金使用过程中存在的问题,分析贷款项目成功或失败的原因,使投资主体能合理确定投资规模、投资流向和及时调整投资政策,确保投资资金的按期回收。项目后评价总结的经验教训可为今后类似项目的投资决策和管理提供借鉴和参考。

(5)监督和改进项目运营情况,促使项目运营状态正常化。后评价可以分析和评价项目投产时和运营期的实际情况,对比实际状况和预测状况之间的偏离,分析其原因,提出切实可行的建议和措施,使项目运营状态正常化,提高项目的经济效益和社会效益。

(6)通过对有关内容的研究,如交通预测技术、交通安全评价、交通工程设施系统分析、社会经济效益量化、建设项目可持续发展指标体系建立和评价等,可为完善公路建设项目后评价的内容打下良好基础,同时为后续公路建设项目后评价研究提供指导。

(7)在项目后评价的基础上,决策部门还可以对国家、地区或行业的规划进行分析研究,为调整政策和修订规划提供依据。

三、国外项目后评价概况

项目后评价起源于20世纪30年代美国经济大萧条期间,当时后评价仅是少数人的行为,项目评价重点是财务分析,以财务分析的结果作为评价项目成败的主要指标。20世纪60年代,美国开始进行以投资效益评价为核心的后评价,当时许多西方国家对能源、交通、通信等基础设施及社会福利事业投入大量的资金,但这些项目的直接财务效益远不如工业类生产项目。为此,项目效益评价引入了国民经济评价的概念。20世纪70年代,世界范围出现了严重的环境污染问题,项目评价又增加了环境评价的内容。随着经济的发展,项目的社会作用和影响日益受到投资者的关注,社会影响评价也成为项目评价的主要内容之一。

世界银行、亚洲开发银行等国际金融机构,都设置有专门的业务评价机构。在发达国家,后评价主要是针对国家的预算、计划和项目。随着社会和经济发展,各国的后评价都在发生变化,发达国家后评价的发展趋势是将资金预算、监控、审计和评价结合在一起,形成一个有效、完整的管理评价体系。

近年来,发展中国家的后评价已经有了很大的发展,但相对独立的后评价体制和机构尚未真正形成。十多年来,一些国家的相关部门相继开展了项目后评价工作,制订了相应的后评价方法,初步形成了自己的后评价体系,但不同行业的后评价发展还很不平衡。

四、我国公路建设项目后评价概况

我国公路建设项目后评价工作是从 20 世纪 90 年代初开始的。1990 年,交通部在北京召开了"公路建设项目后评价座谈会",确定沪嘉、广佛、西三、沈大 4 条高速公路为国内首批进行后评价的公路建设项目;1990 年 3 月,交通部下发了《公路建设项目后评价报告编制办法(试行)》。此后,根据首批 4 条高速公路后评价的研究结果,交通部于 1996 年以交计发[1996]1130 号文件印发了《公路建设项目后评价管理办法》和《公路建设项目后评价报告编制办法》,代表了我国公路建设项目后评价的主体研究成果。接着,我国公路建设项目后评价工作开始进入一个高潮,各省已建成投入使用的有较大影响的高速公路,例如,京津塘、济青、成渝(四川段、重庆段)、宜黄、沪宁(上海段、江苏段)、长春—四平、哈尔滨—大庆、杭州—宁波、西安—宝鸡等都陆续进行了项目后评价。从这些项目的后评价报告来看,编制内容基本上都按照《公路建设项目后评价报告编制办法》的要求包含了对相应内容的研究,但研究内容及成果深浅不一,主要表现为:

(1)缺乏对交通量预测技术及其预测问题的研究和评价。从实践情况看,目前已经过评审的后评价报告显示,所有高速公路工可研报告的交通量预测值与运营期实际数据的差别均较大。预测值与实际值存在偏差属正常现象,但误差率基本在 20% 以上,则说明我们在前期交通量预测时的方法判据、采用的预测模型手段存在问题。目前尚没有统一、规范的交通流量预测方法,后评价中仍缺少对交通量预测技术水平的分析与评价。

(2)缺乏公路建设项目道路安全评价问题研究。目前,我国道路交通安全形势十分严峻。《2014 年国民经济和社会发展统计公报》指出,2014 年全国道路交通事故万车死亡人数为 2.22 人,比 2013 年万车死亡人数 2.3 人下降了 5%,但通过 2014 年汽车保有量数据可得出,2014 年的交通事故死亡人数为 34 292.34 人,比 2013 年的死亡 31 604.3 人增加了 2 688.04 人,增长率为 8.5%;相比 2012 年增长率为 13.46%;相比 2011 年增长率为 15.78%。可见,近些年来,我国交通事故死亡人数呈逐年小幅度上升趋势。多年来,由于观念影响,我国在道路交通安全研究方面将重点放在事后研究,同时认为人的因素是造成交通事故的主要原因,忽略了公路基础设施作为道路交通的重要载体,也是影响交通安全的重要因素之一。因此,在公路建设项目后评价方面忽视了对道路设施安全性、协调性的评价。

(3)缺乏对环境影响的后评价。在公路建设项目环境影响后评价实践中,缺少对前期环境影响评价预测结果、预防措施的检验分析和判断。

(4)缺乏对公路建设项目管理的评价研究。目前,在建设项目后评价实践中,对项目管理的评价偏重于定性分析,评价范围仅局限于运营管理,对于项目前期及实施阶段的管理内容涉及很少。

(5)缺乏对建设项目总体的评价研究。目前,公路建设项目后评价无论是在理论研究上还是在实际操作过程中仅仅是从单方面进行分析与评价,均未从整体上对公路建设项目的成功与否进行综合评价,使建设项目总体的评价缺少量化,缺乏可信性。

五、交通运输部《公路建设项目后评价报告编制办法》的规定内容

在《公路建设项目后评价报告编制办法》中,分别按照项目运行过程的先后顺序和公路建设项目后评价报告的组成划分,给出了公路建设项目后评价的主要内容。

(一)按项目运行过程的先后顺序划分

按项目运行过程的先后顺序划分,公路建设项目后评价的主要内容包括:

(1)对项目前期工作的后评价,主要包含项目立项条件的再评价、项目决策程序和方法的再评价、项目勘察设计的再评价、项目前期工作管理的再评价等。

(2)对项目实施情况的后评价,主要包含项目实施管理的再评价、项目施工准备工作的再评价、项目施工方式和施工组织管理的再评价、项目监理和工程质量的再评价、项目竣工验收和工程决算的再评价等。

(3)对项目运营状况的后评价,包含对项目经营管理的再评价、项目服务设施的再评价、项目预期效果达标情况的再评价、项目的社会经济环境影响再评价、项目的经济后评价等。

(二)按公路建设项目后评价报告的组成划分

按公路建设项目后评价报告的组成划分,公路建设项目后评价的主要内容包括:

(1)建设项目概述

简述项目背景,起讫点位置,项目立项、决策、设计、开工、竣工、通车时间等,突出反映项目的特点;简述项目的建设标准、规模和主要技术经济指标,以及建设项目立项、决策、设计、施工等各阶段主要指标的变化情况;建设资金来源及使用情况;建设项目后评价的主要结论等。

(2)建设项目的过程评价

依据国家现行的有关法令、制度和规定,分析和评价项目前期工作、实施情况、运营管理、交通工程沿线设施情况和创新性。

(3)建设项目的投资与效益评价

评价投资执行情况,包括资金筹措情况、资金到位及投资完成情况,分析比较工程决算、概算和估算;分析经济费用效益,选择并确定参数,进行费用调整并计算效益,确定评价指标并进行相关计算;进行财务分析,分析运营成本、收费收入,确定相关参数和指标并对清偿能力进行分析;最后得出结论。

(4)建设项目的影响评价

进行交通影响评价,分析项目对综合交通体系的影响,分析收费对项目吸引和分流交通量等的影响;经济社会影响评价,分析项目对所在地区经济发展、产业布局、资源开发、城镇化进程和社会发展产生的效应,并分析项目与当地社会的相互适应程度;环境影响评价,评价环境保护的执行情况,完成对环境的检测与评价,并提出改进措施和建议;节能评估,评价节能法规的执行情况、节能措施及效果。

(5)建设项目目标持续性评价

通过分析经济社会发展、政策法规、公路管理机制、公路网及综合交通发展状况等外部条件和运行机制、内部管理、运营状况、公路收费等内部条件对建设项目的影响,评价项目目标(服务交通量、社会经济效益、财务效益、环境保护等)的持续性。

(6) 结论

根据前面几部分的分析结果,得出关于建设项目前期工作质量、有关指标变化的合理程度、管理水平、经济效益、社会环境影响、可持续发展等方面的评价结论,指出存在的问题,总结经验教训,提出相应的改进措施与建议。

第四节 战略环境评价

一、战略环境评价的含义

战略环境评价(strategic environmental assessment,SEA)一般是指"环境影响评价(environmental impact assessment,EIA)的原则与方法在战略层次的应用,是对一项政策、计划或规划及其替代方案的环境影响进行正式的、系统的、综合的评价的过程,包括完成 SEA 研究报告,并将结论应用于决策"。

SEA 的目的是消除或降低因战略缺陷对未来环境造成的不良影响,从源头上控制环境污染与生态破坏等环境问题的产生。

(一)国外对战略内涵的理解

战略指的是带有全局性、长期性、规律性和决策性特点的谋划。在国外的 SEA 研究与实践中,战略范畴通常包括政策(policy)、计划(plan)和规划(program),简称为 PPP。因此,欧美国家还将 SEA 称为规划 EIA(programmatic EIA)或政策、计划和规划 EIA(policy,plan,program, EIA 或 PPPs EIA)。

其中政策是行为的准则及指南,规划是指在政策执行中的一系列相关的、具有时空特征的目标,是政策在时间和空间范围的具体化和细化;计划是为落实某一规划而在某一区域、某一时期内具体实施的一系列行为、项目或工程。

(二)国内对战略内涵的理解

在我国,人们对战略范畴的理解与国外有所不同。在层次上,战略应包括法律、政策、规划、计划 4 个不同类型,甚至有时还包括重大的工程项目,诸如三峡水利枢纽、南水北调工程等。

其中政策处于整个战略范畴的核心位置,指国家、政党为实现一定时期的路线和任务而规定的行为准则,政策一般以指示、意见、纪要、决定、条例、章程、工作报告、规划、批复 9 种形式表达。

法律是由国家立法机关制定、国家政权保证实施的行为准则,通常以政策为内核,是政策的定性化和具体化。

规划是指较为全面的中长期计划(5 年以上),也指人类活动在地域空间上的布局和安排,比如城市规划、土地利用总体规划、生态(环境)规划等。

计划通常指人们为达到一定目的,对未来一定时期内(一般不超过 5 年)的行动所做的部署和安排,比如,中国各级政府每 5 年制订一次的国民经济与社会发展计划等。

二、战略环境评价的发展历程

(一)国外概况

SEA 起源于 1969 年美国的《国家环境政策法》(National Environment Policy Act,NEPA)。早期的 EIA 主要集中在项目层次,由于经济及社会发展决策与环境保护的不均衡,SEA 逐渐受到重视。

1992 年,Riki Therivel 给出了 SEA 的定义,即对政府部门的政策、计划、规划的可供选择方案对环境的影响进行系统、综合评价的过程,它为政府在制订政策、计划和规划的过程中考虑重大负面环境影响,在决策方案的选择中采取避免、消除和减轻影响的措施等方面提供原理、方法和技术支持。

目前,包括美国、加拿大、新西兰、澳大利亚、荷兰、英国、丹麦等在内的 80 余个国家或地区,以及包括世界银行在内的许多国际组织,依照各自情况建立了许多 SEA 体系、工作框架和方法,完成了不少示范性案例,并将其作为实现可持续发展的一种有效手段。实施领域涉及区域发展、农业、交通、城市化、电力、土地利用、废物管理、资源开发、金融信贷、跨国公司等方面。

(二)国内概况

我国 20 世纪 80 年代的 EIA 主要针对建设项目,很少涉及区域开发,没有政策层次的 EIA。随着经济活动范围和规模的不断扩大,区域开发、产业发展和自然资源开发利用所造成的环境问题越来越突出,特别是重大战略决策所造成的各种环境问题已经成为影响我国可持续发展的重大难题,其中有些还将持续影响几代中国人。

20 世纪 80 年代中后期,有人提出了开展重大决策环境影响评价的建议;90 年代中期起,SEA 的概念引入中国,一些学者就 SEA 理论、方法开展了系列研究,并结合"上海市城市交通白皮书""山西煤电并重发展战略""中国有毒化学品立法""汽车工业产业政策""大气污染防治法""中国能源战略体系""经济技术开发区战略""酸雨及 SO_2 控制区政策"等进行了尝试性案例研究,为 SEA 积累了实践经验。

三、战略环境评价的特点

战略环境评价与传统的项目环境影响评价相比,其特点如下:
(1)战略环境评价在决策中更好地考虑了环境与可持续发展能力的结合。
(2)战略环境评价能比传统项目环境影响评价提出更好的预防性措施。
(3)战略环境评价可以提供比项目环境影响评价更多的可能,对累计的、间接的、协同的、次生的、时间上拥挤的、空间上拥挤的、长期的和滞后的影响进行评价,比项目环境影响评价更有可能提出区域及全球性的影响评价。
(4)战略环境评价可以在决策的更早阶段在更广的范围内考虑替代方案及减缓措施。
(5)战略环境评价可以提供早期公众参与框架,以提高决策的透明度、质量及可接受性。
(6)战略环境评价能够为决策者提供确定的事实,并能使项目更快地进行,提供了一种更有效、多层次、新式的评价方法。
(7)战略环境评价能够为将来其他的政策、计划、规划决策提供有益的信息。

四、战略环境评价的基本程序

目前尚没有成熟的战略环境评价框架,基本的程序如下:

(1)确定某一战略决策层次(政策、规划、计划)进行环境影响评价的必要性。

(2)确定区域发展目标与环境目标。

(3)确定评价范围,掌握区域环境条件,识别评价的环境要素和可供选择的方案。

(4)进行战略环境评价,预测各种可选方案的环境影响(效应),识别显著的环境影响,并与环境目标作比较分析,提出相应的建议,准备环境影响评价报告。

(5)向环境权威部门咨询,开展公众参与。

(6)政府部门根据 SEA 的结果,综合各方面的信息,进行决策。

(7)建立持续性环境监测机制,连续监测政策、规划、计划实施后的环境影响,同时评估 SEA 的有效性,建立这样的监测机制还将有助于确保 SEA 中提出的污染控制措施的实施。

第三章 道路交通环境影响评价法律依据及标准

第一节 道路交通环境影响评价的法律依据

一、我国环境影响评价制度的法规体系

目前,我国环境影响评价制度的法规体系由法律、行政法规、部门规章和地方法规几个层次组成。

(一)法律

和道路交通环境影响评价相关的法律有:

《中华人民共和国环境保护法》(2015年1月1日施行);
《中华人民共和国环境影响评价法》(2003年9月1日施行);
《中华人民共和国水污染防治法》(2008年6月1日施行);
《中华人民共和国海洋环境保护法》(2000年4月1日施行);
《中华人民共和国大气污染防治法》(2016年1月1日施行);

《中华人民共和国固体废物污染环境防治法》(2005年4月1日施行);
《中华人民共和国节约能源法》(2008年4月1日施行);
《中华人民共和国土地管理法》(1999年1月1日施行);
《中华人民共和国水土保持法》(2011年3月1日施行)。

(二)行政法规

主要为《建设项目环境保护管理条例》(1998年11月29日发布并施行)。道路交通建设项目应遵循该条例的相关内容,其中有如下规定:

第九条　建设单位应当在建设项目可行性研究阶段报批建设项目环境影响报告书、环境影响报告表或者环境影响登记表;但是,铁路、交通等建设项目,经有审批权的环境保护行政主管部门同意,可以在初步设计完成前报批环境影响报告书或者环境影响报告表。

另外,《建设项目环境影响评价分类管理名录》自2015年6月1日施行。该名录根据《中华人民共和国环境影响评价法》制定,更加具体明确地规定了建设项目环境影响评价的分类及相应评价范围与内容。

(三)部门行政规章

一般为环境保护部及有关部委关于环境影响评价的规定。道路交通建设项目应遵循部门行政规章的相关内容,如《编制环境影响报告书的规划的具体范围(试行)》,其中第六部分与交通有关的专项规划包括:

(1)流域(区域)、省级内河航运规划。
(2)国道网、省道网及设区的市级交通规划。
(3)主要港口和地区性重要港口总体规划。
(4)城际铁路网建设规划。
(5)集装箱中心站布点规划。
(6)地方铁路建设规划。

(四)地方法规

包括各省、自治区、直辖市有关建设项目环境保护管理条例、办法、政府令等。如《广东省建设项目环境保护管理条例》,其中有如下规定:

第二条　本条例适用于本省行政区域内所有在建设过程及项目建成后产生废水、废气、废渣、粉尘、噪声、振动、电磁波辐射、放射性物质、有毒有害物质、恶臭等影响环境质量的建设项目及其他影响自然生态环境的建设项目。

本条例所称建设项目指新建、改建、扩建、迁建项目,技术改造项目,区域开发建设项目。主要包括:

(1)工业建设。
(2)水利工程(含江河整治)、围海(江)造地工程。
(3)港口、码头、机场、铁路(含货场、编组站)、公路干线(含高速公路、城镇高架路等)、电讯工程。

第五条　对改建、扩建和技术改造项目的建设,必须同时治理该项目原有的污染。

第十四条　建设单位必须在建设项目可行性研究阶段,完成环境影响报告的报审;不设立可行性研究阶段的,在项目定址或设计前完成环境影响报告的报审。环境影响报告的形式为环境影响报告书、环境影响报告表或环境影响登记表。

综上所述,按照理想模式应建立的环境影响评价的法规体系,如图3-1所示。

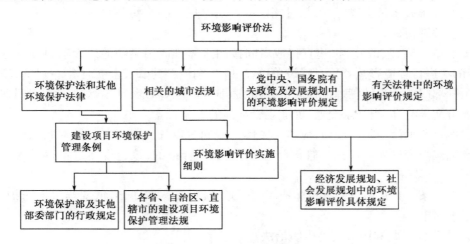

图 3-1　环境影响评价法规体系

二、我国环境影响评价的法律依据

(一)宪法中的有关规定

1982年12月4日通过的《中华人民共和国宪法》明确规定:"国家保护和改善生活环境和生态环境,防治污染和其他公害。"2004年3月14日通过的《中华人民共和国宪法》又进一步明确相关规定:"国家保障自然资源的合理利用,保护珍贵的动物和植物。禁止任何组织或者个人用任何手段侵占或者破坏自然资源。"这是国家以根本大法的形式做出的保护自然生态环境、合理利用自然资源、防治污染和其他公害的规定,是我国环境保护工作的最高准则,也是确定环境影响评价制度的最根本的法律依据和基础。

(二)环境保护基本法中的有关规定

我国的环境保护基本法是《中华人民共和国环境保护法》,该法的第二章(监督管理)第十六条规定:国务院环境保护主管部门根据国家环境质量标准和国家经济、技术条件,制定国家污染物排放标准。第十九条:编制有关开发利用规划,建设对环境有影响的项目,应当依法进行环境影响评价。未依法进行环境影响评价的开发利用规划,不得组织实施;未依法进行环境影响评价的建设项目,不得开工建设。另,第四章(防治污染和其他公害)第四十一条规定:建设项目中防治污染的设施,应当与主体工程同时设计、同时施工、同时投产使用。防治污染的设施应当符合经批准的环境影响评价文件的要求,不得擅自拆除或者闲置。

(三)单项法和条例中的有关规定

一些单项法和条例对具体领域中执行环境影响评价制度的对象、内容和程序等也作了明文规定：

(1)《中华人民共和国水污染防治法》

第二条　本法适用于中华人民共和国领域内的江河、湖泊、运河、渠道、水库等地表水体以及地下水体的污染防治。

第九条　排放水污染物，不得超过国家或者地方规定的水污染物排放标准和重点水污染物排放总量控制指标。

第十七条　新建、改建、扩建直接或者间接向水体排放污染物的建设项目和其他水上设施，应当依法进行环境影响评价。建设单位在江河、湖泊新建、改建、扩建排污口的，应当取得水行政主管部门或者流域管理机构同意；涉及通航、渔业水域的，环境保护主管部门在审批环境影响评价文件时，应当征求交通、渔业主管部门的意见。

建设项目的水污染防治设施，应当与主体工程同时设计、同时施工、同时投入使用。水污染防治设施应当经过环境保护主管部门验收，验收不合格的，该建设项目不得投入生产或者使用。

第三十八条　兴建地下工程设施或者进行地下勘探、采矿等活动，应当采取防护性措施，防止地下水污染。

(2)《中华人民共和国大气污染防治法》

第二条　防治大气污染，应当以改善大气环境质量为目标，坚持源头治理，规划先行，转变经济发展方式，优化产业结构和布局，调整能源结构。

防治大气污染，应当加强对燃煤、工业、机动车船、扬尘、农业等大气污染的综合防治，推行区域大气污染联合防治，对颗粒物、二氧化硫、氮氧化物、挥发性有机物、氨等大气污染物和温室气体实施协同控制。

第二十八条　国务院环境保护主管部门会同有关部门，建立和完善大气污染损害评估制度。

(3)《中华人民共和国环境噪声污染防治法》

第十三条　新建、改建、扩建的建设项目，必须遵守国家有关建设项目环境保护管理的规定。

建设项目可能产生环境噪声污染的，建设单位必须提出环境影响报告书，规定环境噪声污染的防治措施，并按照国家规定的程序报环境保护行政主管部门批准。

环境影响报告书中，应当有该建设项目所在地单位和居民的意见。

第十四条　建设项目的环境噪声污染防治设施必须与主体工程同时设计、同时施工、同时投产使用。

建设项目在投入生产或者使用之前，其环境噪声污染防治设施必须经原审批环境影响报告书的环境保护行政主管部门验收；达不到国家规定要求的，该建设项目不得投入生产或者使用。

第五章（交通运输噪声污染防治）详细描述了交通运输各方面产生的环境噪声污染问题。其中，第三十一条定义：本法所称交通运输噪声，是指机动车辆、铁路机车、机动船舶、航空器等交通运输工具在运行时所产生的干扰周围生活环境的声音。

第三十六条　建设经过已有的噪声敏感建筑物集中区域的高速公路和城市高架、轻轨道路，有可能造成环境噪声污染的，应当设置声屏障或者采取其他有效的控制环境噪声污染的措施。

(4)《中华人民共和国固体废物污染环境防治法》

第二条 本法适用于中华人民共和国境内固体废物污染环境的防治。

第十三条 建设产生固体废物的项目以及建设储存、利用、处置固体废物的项目,必须依法进行环境影响评价,并遵守国家有关建设项目环境保护管理的规定。

第十四条 建设项目的环境影响评价文件确定需要配套建设的固体废物污染环境防治设施,必须与主体工程同时设计、同时施工、同时投入使用。固体废物污染环境防治设施必须经原审批环境影响评价文件的环境保护行政主管部门验收合格后,该建设项目方可投入生产或者使用。对固体废物污染环境防治设施的验收应当与对主体工程的验收同时进行。

(5)《中华人民共和国节约能源法》

第三章第四节(交通运输节能)中第四十二条规定:国务院及其有关部门指导、促进各种交通运输方式协调发展和有效衔接,优化交通运输结构,建设节能型综合交通运输体系。

第四十五条 国家鼓励开发、生产、使用节能环保型汽车、摩托车、铁路机车车辆、船舶和其他交通运输工具,实行老旧交通运输工具的报废、更新制度。

国家鼓励开发和推广应用交通运输工具使用的清洁燃料、石油替代燃料。

第四十六条 国务院有关部门制定交通运输营运车船的燃料消耗量限值标准;不符合标准的,不得用于营运。

国务院有关交通运输主管部门应当加强对交通运输营运车船燃料消耗检测的监督管理。

(6)《中华人民共和国土地管理法》

第二十条 县级土地利用总体规划应当划分土地利用区,明确土地用途。

乡(镇)土地利用总体规划应当划分土地利用区,根据土地使用条件,确定每一块土地的用途,并予以公告。

第三十一条 国家保护耕地,严格控制耕地转为非耕地。

(7)《中华人民共和国水土保持法》

第二十七条 企业事业单位在建设和生产过程中必须采取水土保持措施,对造成的水土流失负责治理。本单位无力治理的,由水行政主管部门治理,治理费用由造成水土流失的企业事业单位负担。

建设过程中发生的水土流失防治费用,从基本建设投资中列支;生产过程中发生的水土流失防治费用,从生产费用中列支。

第三十六条 企业事业单位在建设和生产过程中造成水土流失,不进行治理的,可以根据所造成的危害后果处以罚款,或者责令停业治理;对有关责任人员由其所在单位或者上级主管机关给予行政处分。

以上是各单项法中关于环境影响评价制度的法律描述和规定。除此之外,《中华人民共和国城市规划法》《风景名胜区管理暂行条例》等单项法和条例中均有有关环境影响评价的明文规定。

第二节 道路交通环境影响评价的标准

一、环境标准的概念

环境标准是控制污染、保护环境的各种标准的总称。它是为了保护人群健康、社会物质财富和促进生态良性循环,对环境结构和状态,在综合考虑自然环境特征、科学技术水平和经济条件的基础上,由国家按照法定程序制定和批准的技术规范;是国家环境政策在技术方面的具体体现,也是执行各项环境法规的基本依据。

环境标准并不是一成不变的,而是与时俱进的,将根据国家经济社会发展状况和环境保护要求适时修订。以轻型汽车排放标准为例,随着科学技术的进步与经济的发展,污染物排放的检测技术也不断提高,我国机动车污染物排放标准历经国Ⅰ(2000年实施)、国Ⅱ(2004年实施)、国Ⅲ(2007年实施)、国Ⅳ(2010年实施),2017年1月1日起将在全国实施国Ⅴ。

国际标准化组织(ISO)于1972年开始制定环境基础标准和方法标准,以统一各国环境保护工作中的名词、术语、计量单位、取样方法和监测方法等。ISO对国际环境标准的研究和制定,为制定国际环境法律原则、规则和制度以及开展国际环境保护活动提供了科学依据,同时也为这些原则、规则和制度的执行提供了衡量尺度。我国第一个环境标准《工业"三废"排放试行标准》(GBJ 4—73)于1973年在第一次全国环境保护工作会议中审查通过,奠定了我国环境标准的基础,这一标准也为我国刚刚起步的环保事业提供了管理和执法依据。

我国的环境标准历经40多年的发展,目前已形成由国家标准、行业标准、地方标准和企业标准共同构成的环境标准体系。

二、环境标准的作用

(1)环境标准是制订环境规划和环境计划的主要依据

环境标准是评价环境质量及环境保护工作的法定依据,是国家环境政策在技术标准层面的具体体现。作为环境法的有机组成部分,环境标准是环境行政的起点和环境管理的依据。为了协调社会经济和环境的关系,需要制订环境保护规划,而环境保护规划需要一个明确的环境目标。这个环境目标应当从保护人民群众的健康出发,将环境质量和污染物排放控制在适宜的水平上,也就是要符合环境标准的要求。需根据环境标准的要求来控制污染,改善环境,并将环境保护工作纳入整个国民经济和社会发展计划中。

(2)环境标准是环境评价的准绳

无论进行环境质量现状评价和编制环境质量报告书,还是进行环境影响评价和编制环境影响报告书,都需要依据环境标准方能做出定量的比较和评价,正确判断环境质量的好坏和环境影响的大小,从而为控制环境质量、进行环境污染综合整治以及设计切实可行的治理方案提供科学的依据。

(3)环境标准是环境管理的技术基础

环境标准应用于环境法规、环境政策、环境规划、环境条例和环境监测等各个方面。如制定的大气、水、噪声、固体废弃物等的法令和条例中,就包含了环境标准的要求。环境标准是用具体数字体现环境质量和污染物排放应控制的界限和尺度,违背这些界限,污染了环境,即违背了环境保护法规。环境法规的执行过程与实施环境标准的过程是紧密联系的,如果没有各种环境标准,环境法规将难以执行。

(4) 实施环境标准是提高环境质量的重要手段

通过颁布和实施保护标准,加强环境管理,可以促进企业进行技术改造和技术革新,积极展开综合利用,提高资源和能源的利用率,努力做到治理污染,保护生态环境和可持续发展。环境标准的作用不仅表现在环境效益上,也表现在经济效益和社会效益上。

三、环境标准体系的分类和分级

我国目前的环境标准体系,是根据我国国情,总结多年环境保护工作经验,参考国外的环境标准体系而制定的。根据《中华人民共和国环境保护标准管理办法》的规定,我国的环境标准体系可以概括为"三级六类"和"两种执行规定",具体见图3-2。

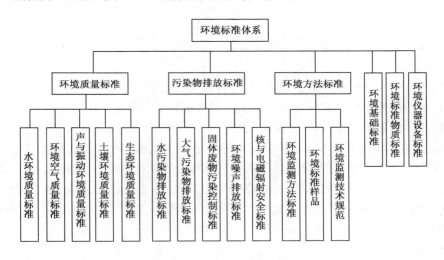

图 3-2　环境标准体系基本框架

六类标准为:环境质量标准、污染物排放标准(或污染控制标准)、环境基础标准、环境方法标准、环境标准物质标准和环境仪器设备标准。

三级标准为:国家环境标准、地方环境标准和国家行业标准。

其中环境基础标准、环境方法标准和环境标准物质标准只有国家标准,适用于全国范围,并尽可能与国际标准接轨。地方环境质量标准是地方根据本地区的实际情况对某些标准的更严格要求,由省、自治区、直辖市人民政府制定。

(1) 环境质量标准

环境质量标准是指在一定时间和空间范围内,对各种环境要素(如大气、水、土壤等)中的污染物或污染因素所规定的允许含量和要求,它是衡量环境是否受到污染的尺度,也是环境保护及有关部门进行环境管理、制定污染物排放标准的依据。环境质量标准分为国家和地方两级。环境质量标准主要包括环境空气质量标准、水环境质量标准、环境噪声标准、土壤环境质量标准、生态环境质量标准等。我国现行的一些环境质量标准如表3-1所示。

我国现行的一些环境质量标准　　　　　　　　　表 3-1

序号	标 准 号	标 准 名 称
1	GB 3095—2012	环境空气质量标准
2	GB 9137—88	保护农作物的大气污染物最高允许浓度
3	GB 3097—1997	海水水质标准
4	GB 3838—2002	地表水环境质量标准
5	GB 11607—89	渔业水质标准
6	CJ 3020—93	生活饮用水水源水质标准
7	GB 5084—2005	农田灌溉水质标准
8	GB 9660—88	机场周围飞机噪声环境标准
9	GB 10070—88	城市区域环境振动标准
10	GB 5979—1986	海洋船舶噪声级规定
11	GB/T 5980—2009	内河船舶噪声级规定
12	GB 15618—1995	土壤环境质量标准
13	GB 5749—2006	生活饮用水卫生标准

（2）污染物排放标准

污染物排放标准是根据环境质量要求，结合环境特点和社会、经济、技术条件，对污染源排入环境的有害物质和产生的有害因素所制定的控制标准，或者说是排入环境的污染物和产生的有害因素允许的限值或排放量（浓度）。规定了污染物排放标准，就可以有效地控制污染物的排放，就能促进排污单位采取各种有效措施加强管理和污染物治理，使污染物排放达到国家规定的标准，达到环境质量目标的要求。污染物排放标准也分为国家污染物排放标准和地方污染物排放标准两级。污染物排放标准按污染物的状态可以分为气态污染物排放标准、液态污染物排放标准、固态污染物排放标准及物理性污染物（如噪声、振动、电磁辐射等）控制标准。

《中华人民共和国环境保护法》规定：国务院环境保护行政主管部门根据国家环境质量标准和国家经济、技术条件，制定国家污染物排放标准。我国现行的一些污染物排放标准如表 3-2 所示。

我国现行的一些污染物排放标准　　　　　　　　　表 3-2

序号	标 准 号	标 准 名 称
1	GB 16297—1996	大气污染物综合排放标准
2	DB 11/105—1998	轻型汽车排气污染物排放标准
3	GB 18483—2001	饮食业油烟排放标准（试行）
4	GB 8978—1996	污水综合排放标准
5	CJ 343—2010	污水排入城市下水道水质标准
6	GB 12523—2011	建筑施工场界环境噪声排放标准
7	GB 12525—90	铁路边界噪声限值及其测量方法
8	GB 14227—1993	地下铁道车站站台噪声限值
9	GB 16169—2005	摩托车和轻便摩托车加速行驶噪声限值及测量方法
10	GB 16170—1996	汽车定置噪声限值

(3) 环境基础标准

环境基础标准是在环境保护工作范围内,对有指导意义的有关名词术语、符号、指南、导则等所做的统一规定。它在环境标准体系中处于指导地位,是制定其他环境标准的基础,如地方大气污染物排放标准的技术方法,地方水污染物排放标准的技术原则和方法,环境标准的编制、出版、印刷标准等。

(4) 环境方法标准

环境方法标准是在环境保护工作中,以实验、分析、抽样、统计、计算等方法为对象而制定的标准,是制定和执行环境质量标准和污染物排放标准、实现统一管理的基础,如锅炉大气污染物测试方法、建筑施工场界噪声测量方法、水质分析方法标准等。有统一的环境方法标准,才能提高监测数据的准确性,保证环境监测质量,否则对复杂多变的环境污染因素,将难以执行环境质量标准和污染物排放标准。

(5) 环境标准物质标准

环境标准物质标准是对环境标准物质必须达到的要求所做的规定。环境标准物质是环境保护工作中用来标定仪器、验证测量方法、进行量值传递或质量控制的标准材料或样品,如土壤 ESS-1 标准样品(GSBZ 50011—88)、水质 COD 标准样品(GSBZ 50001—88)等。

(6) 环境仪器设备标准

为了保证污染物监测仪器所监测数据的可比性和可靠性,保证污染治理设备运行的各项效率,对环境仪器设备的各项技术要求编制的统一规范和规定,均为环境仪器设备标准。

综上所述,环境质量标准是制定污染物排放标准的主要依据。污染物排放标准是实现环境质量标准的主要手段和措施。环境基础标准是环境标准体系中的指导性标准,是制定其他环境标准的总原则、程序和方法。而环境方法标准、环境标准物质标准和环境仪器设备标准是制定、执行环境质量标准和污染物排放标准的重要技术依据和方法。它们之间既互相联系,又互相制约。

四、我国主要的环境标准

(一) 大气标准

到目前为止,我国已颁布的大气标准有(表 3-3):《环境空气质量标准》(GB 3095—2012)、《大气污染物综合排放标准》(GB 16297—1996)、《火电厂大气污染物排放标准》(GB 13223—2011)等。在此仅对《环境空气质量标准》(GB 3095—2012)进行介绍。

我国现行的一些大气标准　　表 3-3

序号	标准号	标准名称
1	GB 3095—2012	环境空气质量标准
2	GB 16297—1996	大气污染物综合排放标准
3	GB 13223—2011	火电厂大气污染物排放标准

《环境空气质量标准》首次颁布于 1982 年。1996 年第一次修订,2000 年第二次修订,2012

年第三次修订。第三次修订的主要内容包括：

①调整了环境空气功能区分类，将三类区并入二类区。

②增设了颗粒物(粒径小于等于 2.5μm)浓度限值和臭氧 8 小时平均浓度限值。

③调整了颗粒物(粒径小于等于 10μm)、二氧化氮、铅和苯并[a]芘等的浓度限值。

④调整了数据统计的有效性规定。

《环境空气质量标准》(GB 3095—2012)中规定，环境空气功能区分为二类：一类区为自然保护区、风景名胜区和其他需要特殊保护的区域；二类区为居住区、商业交通居民混合区、文化区、工业区和农村地区。环境空气质量标准分为二级：一类区执行一级标准；二类区执行二级标准。环境空气污染物基本项目浓度限值见表 3-4。

环境空气污染物基本项目浓度限值　　　　　　　　　　　表 3-4

序号	污染项目	平均时间	浓度限值 一级	浓度限值 二级	单位
1	二氧化硫(SO_2)	年平均	20	60	$\mu g/m^3$
		24 小时平均	50	150	
		1 小时平均	150	500	
2	二氧化氮(NO_2)	年平均	40	40	
		24 小时平均	80	80	
		1 小时平均	200	200	
3	一氧化碳(CO)	24 小时平均	4	4	mg/m^3
		1 小时平均	10	10	
4	臭氧(O_3)	日最大 8 小时平均	100	160	
		1 小时平均	160	200	
5	颗粒物(粒径小于等于 10μm)	年平均	40	70	$\mu g/m^3$
		24 小时平均	50	150	
6	颗粒物(粒径小于等于 2.5μm)	年平均	15	35	
		24 小时平均	35	75	

(二)噪声标准

噪声控制就是要用最经济的方法把噪声限制在某种合理的范围内，各种环境条件下的噪声适宜范围便是噪声标准。所谓噪声标准就是规定噪声级不宜或不得超过的限制值(即最大容许值)。在这样的条件下，噪声对人仍存在有害影响，只是不会产生明显的不良后果。

《中华人民共和国环境噪声污染防治法》是实施噪声控制的保障与依据，据此，我国颁布了一系列噪声标准和噪声控制规定。到目前为止，我国已颁布的噪声标准有(表 3-5)：《声环境质量标准》(GB 3096—2008)、《机场周围飞机噪声环境标准》(GB 9660—88)、《建筑施工场界环境噪声排放标准》(GB 12523—2011)、《汽车定置噪声限值》(GB 16170—1996)等。

我国于 1993 年颁布了《城市区域环境噪声标准》(GB 3096—93)，目前此标准已经作废，被《声环境质量标准》(GB 3096—2008)替代。《声环境质量标准》(GB 3096—2008)规定了五类声环境功能区的环境噪声限值及测量方法。

我国现行的一些噪声标准 表 3-5

序号	标 准 号	标 准 名 称
1	GB 3096—2008	声环境质量标准
2	GB 9660—88	机场周围飞机噪声环境标准
3	GB 12523—2011	建筑施工场界环境噪声排放标准
4	GB 16170—1996	汽车定置噪声限值

按区域的使用功能特点和环境质量要求,声环境功能区分为以下五种类型:

0 类声环境功能区:指康复疗养区等特别需要安静的区域。

1 类声环境功能区:指以居民住宅、医疗卫生、文化教育、科研设计、行政办公为主要功能,需要保持安静的区域。

2 类声环境功能区:指以商业金融、集市贸易为主要功能,或者居住、商业、工业混杂,需要维护住宅安静的区域。

3 类声环境功能区:指以工业生产、仓储物流为主要功能,需要防止工业噪声对周围环境产生严重影响的区域。

4 类声环境功能区:指交通干线两侧一定距离之内,需要防止交通噪声对周围环境产生严重影响的区域,包括 4a 类和 4b 类两种类型。4a 类为高速公路、一级公路、二级公路、城市快速路、城市主干路、城市次干路、城市轨道交通(地面段)、内河航道两侧区域;4b 类为铁路干线两侧区域。

各类声环境功能区适用表 3-6 规定的环境噪声等效声级限值。

环境噪声限值[单位:dB(A)] 表 3-6

声环境功能区类别		时 段	
		昼间	夜间
0 类		50	40
1 类		55	45
2 类		60	50
3 类		65	55
4 类	4a 类	70	55
	4b 类	70	60

(三)水质标准

目前,我国已颁布的水质标准有(表 3-7):《地表水环境质量标准》(GB 3838—2002)、《海水水质标准》(GB 3097—1997)、《渔业水质标准》(GB 11607—89)、《地下水质量标准》(GB/T 14848—93)、《污水综合排放标准》(GB 8978—1996)、《生活饮用水卫生标准》(GB 5749—2006)等。与道路交通相关的主要是《地表水环境质量标准》(GB 3838—2002)和《污水综合排放标准》(GB 8978—1996)两个标准。

我国现行的一些水质量标准　　　　　　　　　　　表3-7

序号	标 准 号	标 准 名 称
1	GB 3838—2002	地表水环境质量标准
2	GB 3097—1997	海水水质标准
3	GB 11607—89	渔业水质标准
4	GB/T 14848—93	地下水质量标准
5	GB 8978—1996	污水综合排放标准
6	GB 5749—2006	生活饮用水卫生标准

《地表水环境质量标准》（GB 3838—2002）依据地表水水域环境功能和保护目标，按功能高低将水域依次划分为五类：

Ⅰ类主要适用于源头水、国家自然保护区。

Ⅱ类主要适用于集中式生活饮用水地表水源地一级保护区、珍稀水生生物栖息地、鱼虾类产卵场、仔稚幼鱼的索饵场等。

Ⅲ类主要适用于集中式生活饮用水地表水源地二级保护区、鱼虾类越冬场、洄游通道、水产养殖区等渔业水域及游泳区。

Ⅳ类主要适用于一般工业用水区及人体非直接接触的娱乐用水区。

Ⅴ类主要适用于农业用水区及一般景观要求水域。

对应地表水上述五类水域功能，将地表水环境质量标准基本项目标准值分为五类，不同功能类别分别执行相应类别的标准值。水域功能类别高的标准值严于水域功能类别低的标准值。同一水域兼有多类使用功能的，执行最高功能类别对应的标准值。实现水域功能与达标功能类别标准为同一含义。

《污水综合排放标准》（GB 8978—1996）也有很多技术要求，标准分级为一级标准、二级标准和三级标准。排放的污染物按其性质分为两类：第一类污染物不区分行业和污水排放方式，也不区分受纳水体的功能类别，一律在车间或车间处理设施排放口采样，其最高允许排放浓度必须达到标准要求。第二类污染物在排污单位排放口采样，其最高允许排放浓度必须达到标准要求。该标准还有一些其他规定，可参阅相关文献。

第四章
道路交通环境调查监测与分析

第一节 环境现状调查

环境现状调查是各评价项目或专题共有的工作。虽然各专题所要求的调查内容不同,但其调查目的都是掌握环境质量现状或本底,为环境影响预测、评价和累积效应分析以及投产运行进行环境管理提供基础数据。

环境现状调查的一般原则是根据建设项目所在地区的环境特点,结合各单项评价的工作等级,确定各环境要素的现状调查的范围,筛选出应调查的有关参数。原则上调查范围应大于评价区域,对评价区域以外的附近地区,有重要的污染源时,调查范围应适当放大。环境现状调查应首先收集现有资料,经过认真分析筛选,择取可用部分。若这些引进资料不能满足需要,再进行现场调查或测试。

环境现状调查是环境影响评价的组成部分。环境现状调查中,对与评价项目有密切关系的部分应全面详细调查,尽量做到定量化;对一般自然和社会环境的调查,若不能用定量数据表达,应作详细说明,内容也可适当调整。

一、环境现状调查的方法

环境现状调查的方法主要有三种,即资料收集法、现场调查法和遥感分析法。这三种调查方法互相补充,在实际调查工作中,应根据具体情况加以选择和应用。表 4-1 对这三种方法进行了比较。通常这三种方法的有机结合和相互补充是最为有效和可行的。

环境现状调查三种方法的比较　　　　　　表 4-1

序号	调查方法	主要特点	主要局限性
1	资料收集法	应用范围广,收获大,较节省人力、物力和时间	只能获得第二手资料,往往不全面,需要补充
2	现场调查法	直接获取第一手资料,可弥补资料收集法的不足	工作量大,耗费人力、物力和时间,往往受季节、仪器设备条件的限制
3	遥感分析法	从整体上了解环境特点,特别是人们不易开展现场调查的地区的环境状况	精度不高,不适用于微观环境的调查,受资料判读和分析技术的制约

(一)资料收集法

资料收集法是环境现状调查中普遍应用的方法,这种方法应用范围广、收效较大,比较节省人力、物力和时间,应优先选择从相关权威部门获得能够描述环境现状的现有的各种有关资料。但这种方法调查所得的资料如果与调查的主观意向不符,或资料的质量不符合要求,则需要其他调查方法来加以完善和补充,以获得满意的调查结果。

(二)现场分析法

现场分析法可以针对调查者的主观要求,在调查时空范围内直接获得第一手的数据和资料,以弥补资料收集法的不足。但这种调查方法工作量大,需要占用较多的人力、物力、财力和时间,且调查方法有时还受到季节、仪器设备等客观条件的制约。虽然这种调查方法有这些缺点和困难,但它所能获得的数据和资料都是第一手的,可作为资料收集调查方法的补充和验证,所以这种调查方法也是经常使用的。

(三)遥感分析法

遥感分析法可以从整体上查看一个地区的宏观或中观的环境状况,特别是可以弄清人们无法或不易达到地区的环境特征,比如大面积的森林、草原、荒漠、海洋等的特征,以及大面积山地的地形、地貌状况等。但这种调查方法所得的数据和资料不像前两种调查方法所获得的数据和资料那样准确。因此,这种调查方法不适合微观环境的调查,一般只用于大范围的宏观环境状况的调查,是一种辅助性调查方法。使用这种方法进行环境现状调查时,绝大多数情况下不直接使用飞行拍摄的方法,而只是判读或分析已有的航片或卫星影像。

二、环境现状调查的主要内容

公路建设项目环境现状调查的主要内容包括:地理位置,地质、地貌和土壤情况,水系分布和水文情况,气候与气象,矿藏、森林、草原、水产和野生动植物、农产品、动物产品等的情况,大气、水、声、土壤等的环境质量现状,环境功能情况(特别注意环境敏感区)及重要的政治文化设施,社会经济情况。

(一)自然环境调查

(1)地理位置

包括建设项目所处的经纬度、行政区位置和交通位置,要说明项目所在地与主要城市、车站、码头、港口、机场等的距离和交通条件,并附地理位置图。

(2)地质

一般情况下,只需要根据现有资料,选择下述部分或全部内容,概要说明当地的地质状况:当地地层概况、地壳构造的基本形式(岩层、断层及断裂等),以及与其相应的地貌表现、物理与化学风化情况、当地已探明或已开采的矿产资源情况。

若建设项目规模较小且与地质条件无关,地质现状可不描述。

评价矿山及其他与地质条件密切相关的建设项目的环境影响时,对与建设项目有直接关系的地质构造,如断层、断裂、坍塌、地面沉陷等,需进行较为详细的叙述,一些特别有危害的地质现象,如地震,也应加以说明,必要时,应附图辅助说明,若没有现成的地质资料,应做一定的现场调查。

(3)地形地貌

一般情况下,只需根据现有资料,简要说明下述部分或全部内容:建设项目所在地区的海拔、地形特征(即高低起伏状况)、周围的地貌类型(山地、平原、沟谷、丘陵、海岸等),以及岩溶地貌、冰川地貌、风成地貌等地貌的情况。崩塌、滑坡、泥石流、冻土等有危害的地貌现象,若不直接或间接威胁到建设项目,可概要说明其发展情况。

若无可查资料,需做一些简单的现场调查。

当地形地貌与建设项目密切相关时,除应比较详细地叙述上述全部或部分内容外,还应附建设项目周围地区的地形图,特别应详细说明可能直接对建设项目有危害或将被项目建设诱发的地貌现象的现状及发展趋势,必要时还应进行一定的现场调查。

(4)土壤与水土流失

建设项目不进行与土壤直接有关的环境影响评价时,只需根据现有资料,全部或部分地简述下列内容:建设项目周围地区的主要土壤类型及其分布、土壤的肥力与使用情况、土壤污染的主要来源及其质量现状、建设项目周围地区的水土流失现状及原因等。

当需要进行土壤环境影响评价时,除要比较详细地叙述上述全部或部分内容外,还应根据需要选择以下内容进一步调查:土壤的物理、化学性质,土壤结构,土壤一次、二次污染状况,水土流失的原因、特点、面积、元素及流失量等,同时要附土壤图。

(5)气候与气象

包括建设项目所在地区的主要气候特征,年平均风速和主导风向,年平均气温,极端气温与月平均气温(最冷月和最热月),年平均相对湿度,平均降水量、降水天数、降水量极值,日照,主要的天气特征(如梅雨、寒潮、冰雹和台、飓风)等。

如需进行建设项目的大气环境影响评价,除应详细叙述上面全部或部分内容外,还需根据《环境影响评价技术导则 大气环境》中的有关规定(如地面风场),增加有关内容。

(6)动植物与生态

建设项目不进行生态影响评价,但项目规模较大时,应根据现有资料简述下列部分或全部内容:建设项目周围地区的植被情况(覆盖度、生长情况),有无国家重点保护的或稀有的、受危害的或作为资源的野生动植物,当地的主要生态系统类型(森林、草原、沼泽、荒漠等)及现状。若建设项目规模较小,又不进行生态影响评价,这一部分可不叙述。

若需要进行生态影响评价,除应详细地叙述上面全部或部分内容外,还应根据需要选择以下内容进一步调查：本地区主要的动植物清单、生态系统的生产力、物质循环状况、生态系统与周围环境的关系以及影响生态系统的主要污染来源。

(7) 大气环境

建设项目不进行大气环境的单项影响评价时，应根据现有资料，简单说明下述部分或全部内容：建设项目周围地区大气环境中主要的污染物质及其来源，以及大气环境质量现状。

如需进行建设项目的大气环境影响评价，除应详细叙述上面部分或全部内容外，还需根据《环境影响评价技术导则　大气环境》中的规定，增加有关内容。

(8) 地面水环境

建设项目不进行地面水环境的单项影响评价时，应根据现有资料，选择下述部分或全部内容概要说明地面水状况：地面水资源的分布及利用情况，地面水各部分（河、湖、水库等）之间及其与海湾、地下水的联系，地面水的水文特征及水质现状，以及地面水的污染来源等。

建设项目建在海边又无须进行海湾的单项影响评价时，应根据现有资料，选择下述部分或全部内容概要说明海湾环境状况：海洋资源及利用情况，海湾的地理概况，海湾与当地地面水及地下水之间的联系，海湾的水文特征及水质现状、污染来源等。

如需进行建设项目的地面水（包括海湾）环境影响评价，除应详细叙述上面的部分或全部内容外，还需根据《环境影响评价技术导则　地面水环境》中的规定，增加有关内容。

(9) 地下水环境

建设项目不进行与地下水直接有关的环境影响评价时，只需根据现有资料，全部或部分地简述下列内容：地下水的开采利用情况，地下水埋深，地下水与地面水的联系以及水质状况、污染来源。

若需进行地下水环境影响评价，除要比较详细地叙述上述内容外，还应根据需要，选择以下内容进一步调查：水质的物理、化学特性，污染源情况，水的储量与运动状态，水质的演变与趋势，水源地及其保护区的划分，水文地质方面的蓄水层特性，承压水状况等。当资料不全时，应进行现场采样分析。

(10) 噪声

建设项目不进行环境噪声的单项影响评价时，一般可不叙述环境噪声现状；如需进行此类评价，应根据噪声影响预测的需要决定现状调查的内容。

(二) 社会环境调查

(1) 社会经济

主要根据现有资料，结合必要的现场调查，简要叙述下列部分或全部内容：

①人口。包括居民区的分布情况及分布特点，人口数量和人口密度等。

②工业与能源。包括建设项目周围地区现有厂矿企业的分布状况、工业结构、工业总产值及能源的供给与消耗方式等。

③农业与土地利用。包括可耕地面积、粮食作物与经济作物的构成及产量、农业总产值以及土地利用现状；若建设项目需进行土壤与生态环境影响评价，则应附土地利用图。

④交通运输。包括建设项目所在地区公路、铁路或水路方面的交通运输概况，以及与建设项目之间的关系。

(2)文物与珍贵景观

文物指遗存在社会上或埋藏在地下的历史文化遗物,一般包括具有纪念意义和历史价值的建筑物、遗址、纪念物或具有历史、艺术、科学价值的古文化遗址、古墓葬、古建筑、石窟寺、石刻等。

珍贵景观一般指具有珍贵价值的、必须保护的、特定的地理区域或现象,如自然保护区、风景游览区、疗养区、温泉以及重要的政治文化设施等。

如不进行文物或珍贵景观的影响评价,则只需根据现有资料,概要说明下述部分或全部内容:建设项目周围具有哪些重要文物与珍贵景观,文物或珍贵景观对于建设项目的相对位置和距离、其基本情况以及国家或当地政府的保护政策和规定。

如建设项目需进行文物或珍贵景观的影响评价,则除应较详细地叙述上述内容外,还应根据现有资料,结合必要的现场调查,进一步叙述文物或珍贵景观对人类活动敏感部分的主要内容。这些内容有:易于受哪些物理的、化学的或生物学的影响,目前有无已损害的迹象及其原因,主要的污染或其他影响的来源,景观外貌特点,自然保护区或风景游览区中珍贵的动植物种类以及文物或珍贵景观的价值(包括经济的、政治的、美学的、历史的、艺术的和科学的价值等)。

(3)人群健康状况

当建设项目规模较大,且拟排放污染物毒性较大时,应进行一定的人群健康调查。调查时,应根据环境中现有污染物及建设项目将排放的污染物的特性选定指标。

(4)其他

根据当地环境情况及建设项目特点,决定电磁波、振动、地面下沉等项目是否调查。

(三)交通污染源调查

(1)污染源的概念

污染源是指造成环境污染的污染物发生源,即向环境排放或者释放有害物质或者对环境产生有害影响的场所、设备和装置。在开发建设和生产过程中,凡以不适当的浓度、数量、速率进入环境系统而产生污染或降低环境质量的物质和能量均称为污染物。污染源向环境中排放污染物是造成环境问题的根本原因。

(2)污染源的分类

由于污染物的来源、特性、结构形态等不尽相同,因此污染源分类系统也不一样。不同的污染源类型,对环境的影响方式和程度也不同。

①按污染物的来源分类

a. 自然污染源:可分为生物污染源(如寄生虫、病原体等)和非生物污染源(如火山、地震、泥石流岩石等)。

b. 人为污染源:可分为生产性污染源(如工业、农业、交通运输和科研实验等)和生活污染源(如住宅、旅游、宾馆、餐饮、医院、商业等)。

②按污染源对环境要素的影响分类

a. 大气污染源:按污染源的形式可分为高架源,地面点源、线源和面源;也可按移动性划分为固定源(锅炉房等)和移动源(汽车等)。

b. 水体污染源:按受影响的对象可分为地表水污染源、地下水污染源与海洋污染源等;按源的形式可分为点源和非点源(或面源)。

　　c. 土壤污染源。
　　d. 生物污染源：按受污染对象可分为农作物污染源、动物污染源、森林污染源等。
　③按生产行业分类
　　在人为污染源中，又可根据污染源产生污染物的特性不同，将污染源分为四大类。
　　a. 工业污染源：包括冶金、动力、化工、造纸、纺织印染、食品等工业。
　　b. 农业污染源：包括农药、化肥、农业废弃物等。
　　c. 生活污染源：包括住宅、医院、饭店等。
　　d. 交通污染源：包括汽车、火车、飞机、轮船等。
　(3) 污染源调查的目的
　　一般把获得污染源资料的过程称为污染源调查。要了解环境污染的历史和现状，预测环境污染的发展趋势，污染源调查是一项必不可少的工作。通过调查，需掌握污染源的类型、数量及其分布，掌握各类污染源排放污染物的种类、数量及其随时间变化的状况。并在调查的基础上，经过数据计算、分析，对污染源做出评价，确定一个区域内的主要污染源和主要污染物，然后提出切合实际的污染控制和治理方案。因此，污染源调查是环境评价工作的基础。
　(4) 交通污染源调查的内容
　　交通污染源包括汽车、飞机、船舶、火车等。它所排放的污染物有：行驶时排出的废气、发出的噪声，运载泄漏的有毒、有害物质或清洗时的扬尘、污水，运行途中泄漏的机油、燃油等。
　①噪声调查：调查内容包括车辆种类、数量、交通流量，路面级别、两侧设施和绿化情况，噪声的时空分布、噪声等级等。
　②尾气调查：调查内容包括车辆(飞机、船舶)的种类、数量、年耗油量、单耗油指标，燃油构成(汽油、柴油、有铅、无铅)、成分(硫、四乙基铅)，排气量、排气成分等。
　③对汽车场和火车车辆段洗车厂排放废水水质、水量的调查等。
　④事故污染调查：历史上污染事故发生次数，事故原因、情况和后果。
　　在开展各种污染源调查时，应同时调查污染源周围的自然环境和社会环境，前者包括地质、地貌、水文、气象、空气质量、水质、土壤和生物状况等，后者包括居民区、水源地、风景区、名胜古迹、工业区、农业区、林业区和社会经济状况等。

三、环境保护目标的确定

　　公路建设项目批准立项后，通过对设计线位的现场踏勘调查，确定拟建公路沿线评价范围内环境空气和声环境的主要保护目标，一般情况下将公路沿线两侧距路中线距离200m以内的村庄、学校、医院和疗养区等定为环境敏感目标加以重点保护是十分必要的。生态环境保护目标主要是在公路两侧评价范围内已有的自然保护区、风景名胜区、生态脆弱带、野生保护动物栖息地、野生保护植物、连片森林、草地、基本农田保护区等。水环境的保护目标主要是饮用水水源保护区，江、河源头区，集中养殖水域等。社会环境保护目标包括历史文化遗产、居民居住或出行的便利性和生活质量等。

第二节 常见交通污染监测

环境监测是指用化学、物理、生物或综合性方法,间断或连续地测定环境污染因子浓度(或强度)在时间或空间上变化规律的过程,包括监测点位的设置、样品采集、实验室分析、监测数据处理与分析等步骤。环境监测的主要任务是说明环境质量现状及其变化趋势,监控污染源排污状况。

环境监测按监测对象可分为环境质量检测和污染源监测。以环境要素为对象的监测称为环境质量监测,如大气环境监测、水环境监测、土壤环境监测、环境生物监测、环境噪声监测、放射性监测和电磁辐射监测等。以污染源为对象的监测称为污染源监测,如化工厂污水监测、锅炉废气监测、交通噪声监测等。

一、噪声监测

噪声监测是研究和评价道路交通噪声的主要和基本手段。只有对实际噪声进行精确的测量,掌握大量的第一手资料,并对它们进行科学的综合分析,得出客观、准确的评价,用以采取有效的措施,才能达到预期的降噪效果。噪声测量是用适当的声学测量手段,获得描述环境噪声或噪声源特征参数的技术过程。

道路交通噪声的实测评价主要是通过实地监测(检测)手段,获得某一地点或地区的道路交通噪声污染的时间特性、空间特性、频率特性以及统计特性,对照现行的环境噪声标准,对该点或该地区的噪声污染状况做出评价。这一工作主要由调查工作规划、实地布点、现场实地数据采集、数据处理与分析评价等几个部分组成。

为了有效地反映道路交通噪声污染的真实状况,需要对评价范围、监测点、监测时间、时段长度进行有效和科学的整体规划和设计。在对一个地点或区域的道路交通噪声污染状况进行评价之前,首先需要根据当地的环境噪声的控制标准,确定评价指标、监测指标、布点密度、布点方案,同时进行布点和噪声测量方法的设计。道路噪声调查的一般步骤如下。

(一)评价区基本情况的调查

为了科学正确地制订满足评价要求的监测方案,需要对评价区的基本情况进行必要调查,以掌握评价区的基本情况,初步确定该区的主要噪声来源、种类以及交通噪声的主要污染路段及区域。为制订噪声监测与评价方案,所需进行的基本情况调查内容包括:

(1)评价区内的交通设施调查:全区交通固定设施的类型、等级与分布,包括机动车道路、停车场、车站、交通枢纽等。

(2)运输工具的调查:本区交通方式的组成、机动车保有量、外地车数量、机动车的分类情况等。

(3)交通调查:包括主要污染路段的交通流量调查(包括各主要路段的高峰小时交通量、平均交通量和变化特征等)、车速调查以及交叉口调查等,以便分析调查区内道路交通噪声同机动车交通流特性之间的关系等。

(4)受影响区不同时间段的噪声暴露人口、年龄、职业结构及其分布规律,用于评价交通噪声影响的人群范围等。

(5)调查区的经济发展水平、用地现状与规划、产业结构等,主要用于预测未来的交通增长情况。

(6)在调查前要充分搜集已有的调查、监测及评价资料。

(二)噪声调查

道路交通噪声调查首先需要进行走访了解和初步调查。在此基础上进行定量调查。定量调查的基本工作包括:

(1)布点

交通噪声调查的布点工作决定调查成果的质量和成本。噪声监测点布设的主要原则是:

①重点布置在噪声敏感地带、敏感点,如穿过办公区的主要道路两侧、居民点、学校以及部分临街的室内。

②重点布置在噪声最大的路段,以反映道路交通环境噪声污染的程度。

③城市交通环境噪声测量也可考虑使用网格布点方案,网格布点数应进行研究,其目的之一是实现在允许的测量误差范围内,以最少的网格点数来准确反映环境噪声的污染情况,这方面在国内已有一些研究成果。网格划分基本上为 $100m \times 100m$ 或 $200m \times 200m$,按环境噪声测试规范规定,测点选在各网格中央,话筒高度 $1.2 \sim 1.5m$,各测点要求距建筑物 $2m$ 以上。

(2)确定监测时段

确定监测时段时应考虑评价目的,主要应选在休息和需要安静工作的时段,同时也要考虑噪声最大的时段。例如监测时段可为上午 8:30~11:30 或下午 14:30~17:00,时间段内的测定结果代表昼间环境噪声级。夜间可为 22:30~晨 5:00,时间段内的测定结果代表夜间环境噪声级。

(三)噪声监测实施

仪器和工具宜选择精度较高的计权式测声仪器。观测数据可自动记录或手工记录。手工记录时应注意校对,同时记录下测量时间、点号和具体位置。测量之前应对仪器进行较准,如存在系统误差应进行修正。测量时应注意仪器安全,配上备用电源。

需根据不同情况设置适当的采样间隔。可以使用多台仪器在多个点同时监测。对手动记录仪器,应注意读数、报数、记录的正确性和校对。例如,每个网格测点以 5s 的时间间隔读取 100 个 A 声级瞬时值,在测定的同时记录该测点的主要噪声源、地形和主要地物。此外,还需同时测定全部干道的交通噪声级和车流量。

对于公路噪声,声环境达标检测主要是监测公路扰动区内声敏感点和施工场界内的噪声污染情况,通常是监测等效连续 A 声级(Leq),并依据环评报告中的声环境质量标准来衡量公路建设对沿线敏感点的噪声污染程度。每次每个测点测量 10min 的等效连续 A 声级。测量采用环境噪声自动检测仪进行时,仪器动态特性为"快"响应,测量时间间隔不大于 1s。白天以 20min 的等效 A 声级表征该点的昼间噪声值,夜间以 8h 的平均等效 A 声级表征该点的夜间噪声值。

(四)交通噪声污染状况的评价

(1)背景噪声的确定

每个监测点的背景噪声原则上应在目标噪声测量时一并确定。实际中将背景噪声与交通噪声准确地分离往往是困难的。确定背景噪声的简单方法是在没有机动车时读取声级计读数。当需要准确地分离背景噪声时,可以使用在一定路段上短时封闭交通的办法进行测量。

(2)交通噪声的点评价

交通噪声的点评价是在一个点上对噪声监测结果进行某种目的的评价。主要可分为时刻评价和时段评价。前者是将各时刻的某一点的监测值直接同规范的标准值相比较,以确定超标的情况。后者是对一定时段的监测值进行纵向分析,求得其分布规律和统计参数。时段可以分为一小时或数小时、一天或数天、一月或数月。

(3)交通噪声的总体评价

交通噪声的总体评价一般是指在对包括多个点的区域进行交通噪声调查时,使用多个点的同一时刻或多个时段的实测数据,对评价区的交通噪声的空间总体分布情况做出评价,同时对交通噪声的时空分布做出分析。评价指标包括:城区干道噪声等效声级超标值、超过噪声规定的干线长度、干道加权等效声级、干道交通噪声超标率以及超标干道的分布特点等。评价指标应优先选用几种最能反映交通噪声对不同人群危害的指标。区域噪声评价指标还包括噪声冲击指数等。

二、大气监测

针对不同类型的大气污染物,通常采用不同的监测分析方法,大气污染物的类型可分为无机污染物、有机污染物、颗粒物及降水四种。

大气无机污染物的监测项目主要是二氧化硫(SO_2)、氮氧化物(NO_x)、一氧化碳(CO)、二氧化碳(CO_2)、硫化氢(H_2S)、氯化氢(HCl)、氨(NH_3)、氯气(Cl_2)等。监测分析方法是先用化学溶液吸收大气污染物,然后用紫外可见分光光度法测定污染物浓度。紫外可见分光光度法的理论基础是朗伯—比尔吸收定律。朗伯—比尔吸收定律指出,当一束平行单色光通过均匀、非散射的稀溶液时,溶液对光的吸收程度与溶液的浓度及液层厚度的乘积成正比。紫外可见分光光度法的基本原理是选定一定波长的光照射被测物质溶液,测量其吸光度,再依据吸光度计算出被测组分的含量。测量仪器为紫外可见分光光度计,由光源、单色器、吸收池、检测器和信号显示器组成。

大气有机污染物监测常用的分析方法是气相色谱—质谱联用分析法(GC/MS)(简称色质谱法)。气相色谱—质谱联用分析法(GC/MS)是把气相色谱(GC)和质谱(MS)结合起来进行分析的方法。

气象色谱仪用于分离多组分的混合污染物。原理是利用混合物中各组分在不同的两相中溶解、解析、吸附、分配及其他亲和作用的性能差别,在两相做相对运动时,各组分在两相中反复多次受到上述各作用力的作用而达到相互分离。

质谱仪用于对各组分进行分析。原理是通过对分离后的样品离子质量和强度的测定,来进行样品成分和结构的分析。首先离子化被分离的样品,然后根据离子在电场或磁场中的运动性质,把离子按质荷比分开,记录并分析离子按质荷比大小排列的谱(通常称质谱)即可实现对样品成分和结构的测定。

大气颗粒物的主要监测项目是总悬浮颗粒物(直径在 100μm 以下),常用的监测分析方法为称重法。称重法的原理是抽取一定体积的气体,通过已知质量的滤膜,超过一定粒径范围的颗粒物被收集在滤膜上,根据滤膜采样前后的质量差和采样体积即可计算出颗粒物的浓度。

测定大气降水中 F^-、Cl^-、NO_2^-、NO_3^-、SO_4^{2-} 等阴离子的常用方法是离子色谱法。离子色谱法测定降水中的阴离子首先是利用阴离子交换原理进行离子分离,由抑制器扣除淋洗液背景电导,然后利用电导检测器进行离子测定。根据混合标准溶液中各阴离子出峰的保留时间和峰高,可定性、定量检测样品中的 F^-、Cl^-、NO_2^-、NO_3^-、SO_4^{2-} 离子。离子色谱仪是测定大气降水中阴离子的常用仪器,由淋洗液储罐、高压泵、进样阀、分离柱、抑制器、检测器和放大记录模块等部件组成,分为输运系统、分离系统、检测系统和数据处理系统。

三、大气中总悬浮颗粒物的测定

大气总悬浮颗粒物常用的监测分析方法为称重法。

(一)实验原理

用称重法测定大气中总悬浮颗粒物的浓度可采用大流量($1.1 \sim 1.7 m^3/min$)和中流量($0.05 \sim 0.15 m^3/min$)采样法。

其原理为:抽取一定体积的空气,使之通过已恒重且已知质量的滤膜,悬浮微粒被阻留在滤膜上,根据采样前后滤膜的质量差和采气体积,即可计算出总悬浮颗粒物的质量浓度。

本章节将介绍中流量采样测定法。

(二)仪器与材料

(1)中流量采样器:流量 50~150L/min,滤膜直径 8~10cm。
(2)流量校准装置:经过罗茨流量计校准的孔口校准器。
(3)气压计。
(4)滤膜:超细玻璃纤维或聚氯乙烯滤膜。
(5)滤膜储存袋及储存盒。
(6)分析天平:感量 0.1mg。

(三)测定步骤

(1)采样器的流量校准
采样器每月用孔口校准器进行流量校准。
(2)采样
①每张滤膜使用前均需用光照检查,不得使用有针孔或有任何缺陷的滤膜采样。
②迅速称重在平衡室内已平衡 24h 的滤膜,读数精确至 0.1mg,记下滤膜的编号和质量,将其平展地放在光滑洁净的纸袋内,然后储存于盒内备用。天平放置在平衡室内,平衡室温度为 20~25℃,温度变化小于 3℃,相对湿度小于 50%,湿度变化小于 5%。
③将已恒重的滤膜用镊子取出,"毛"面向上,平放在采样夹的网托上,拧紧采样夹,按照规定的流量采样。

④采样5min后和采样结束前5min,各记录一次U形压力计压差值,读数精确至1mm。若有流量记录器,则可直接记录流量。测定日平均浓度时,一般从8:00开始采样至第二天8:00结束。若污染严重,可用几张滤膜分段采样,合并计算日平均浓度。

⑤采样后,用镊子小心取下滤膜,使采样"毛"面朝内,以采样有效面积的长边为中线对叠好,放回表面光滑的纸袋并储存于盒内。将有关参数及现场温度、大气压力等记录填写在表中。

(3)样品测定

将采样后的滤膜在平衡室内平衡24h,迅速称重,结果及有关参数记录于表中。

(四)计算

总悬浮颗粒物含量 $(mg/m^3) = \dfrac{W}{Q_n \times t}$

式中:W——滤膜上的总悬浮颗粒物质量,mg;

t——采样时间,min;

Q_n——标准状态下的采样流量,m^3/min,按下式计算:

$$Q_n = Q_2 \sqrt{\dfrac{T_3 \times p_2}{T_2 \times p_3}} \times \dfrac{273 \times p_3}{101.3 \times T_3}$$

$$= 2.69 \times Q_2 \sqrt{\dfrac{p_2 \times p_3}{T_2 \times T_3}}$$

式中:Q_2——现场采样流量,m^3/min;

p_2——采样器现场校准时的大气压力,kPa;

p_3——采样时的大气压力,kPa;

T_2——采样器现场校准时的空气温度,K;

T_3——采样时的空气温度,K。

若 T_3、p_3 与采样器校准时的 T_2、p_2 相近,可用 T_2、p_2 代之。

(五)注意事项

(1)滤膜称重时的质量控制:取清洁滤膜若干张,在平衡室内平衡24h,称重。每张滤膜称10次以上,滤膜质量的平均值为该张滤膜的原始质量,此为"标准滤膜"。每次称清洁或样品滤膜的同时,称量两张"标准滤膜",若称出的质量在原始质量±5mg范围内,则认为该批样品滤膜称量合格,否则应检查称量环境是否符合要求,并重新称量该批样品滤膜。

(2)要经常检查采样头是否漏气。若滤膜上颗粒物与四周白边之间的界线逐渐模糊,则表明应更换面板密封垫。

(3)称量不带衬纸的聚氯乙烯滤膜时,在取放滤膜时,应用金属镊子触一下天平盘,以消除静电的影响。

四、大气中氮氧化物的日变化曲线

大气中的氮氧化物(NO_x)主要包括一氧化氮和二氧化氮,主要来源于自然过程,如生物源、闪电均可产生 NO_x。NO_x 的人为源绝大部分为化石燃料的燃烧,包括汽车及一切内燃机所排放的尾气,也有一部分人为源是生产和使用硝酸的化工厂、钢铁厂、金属冶炼厂等排放的废气,其中以工业窑炉、氮肥生产和汽车排放的 NO_x 量最多。城市大气中三分之二的 NO_x 来自于汽车尾气的排放,交通干线大气中 NO_x 的浓度与汽车流量密切相关,而汽车流量往往随时间而变化,因此,交通干线大气中 NO_x 的浓度也随时间而变化。

(一)实验原理

在测定 NO_x 时,先用三氧化铬将一氧化氮氧化成二氧化氮,二氧化氮被吸收在溶液中形成亚硝酸,与对氨基苯磺酸发生重氮化反应,再与盐酸萘乙二胺偶合,生成玫瑰红色偶氮染料,最后用比色法定量。方法的检出限为 $0.01\mu g/mL$(按与吸光度 0.01 相应的亚硝酸盐含量计)。线性范围为 $0.03\sim1.6\mu g/mL$。当采样体积为 6L 时,NO_x(以二氧化氮计)的最低检出浓度为 $0.01mg/m^3$。采集并测定 1d 内不同时间段交通干线大气中氮氧化物的浓度,可绘制大气中氮氧化物浓度随时间的变化曲线。

(二)仪器与试剂

(1)仪器

①大气采样器,流量范围 $0.0\sim1.0L/min$。
②分光光度计。
③棕色多孔玻板吸收管。
④双球玻璃管(装氧化剂)。
⑤干燥管。
⑥10mL 比色管。
⑦1mL 移液管。

(2)试剂

①吸收液:称取 5.0g 对氨基苯磺酸于烧杯中,将 50mL 冰醋酸与 900mL 水的混合液分数次加入烧杯中,搅拌,溶解,并迅速转入 1 000mL 容量瓶中,待对氨基苯磺酸完全溶解后,加入 0.050g 盐酸萘乙二胺,溶解后,用水定容至刻度。此为吸收原液,储于棕色瓶中,低温避光保存。采样液由吸收原液和水以 4:1 比例混合配制。

②三氧化铬—石英砂氧化管:取 20~40 目的石英砂约 20g,用(1:2)盐酸溶液浸泡一夜,用水洗至中性,烘干。把三氧化铬及石英砂按质量比 1:40 混合,加入少量水调匀,放在烘箱里于 105℃烘干,烘干过程中应搅拌几次。制好的三氧化铬—石英砂应是松散的,若粘在一起,可适当增加一些石英砂重新制备。将此砂装入双球氧化管中,两端用少量脱脂棉塞好,放在干燥器中保存。使用时氧化管与吸收管之间用一小段乳胶管连接。

③亚硝酸钠标准溶液:准确称取 0.150 0g 亚硝酸钠(预先在干燥器内放置 24h)溶于水,移入 1 000mL 容量瓶中,用水稀释至刻度,即配得 $100\mu g/mL$ 亚硝酸根溶液,将其储于棕色瓶中,在冰箱中保存可稳定 3 个月。使用时,吸取上述溶液 25.00mL 于 500mL 容量瓶中,用水稀释至刻度,即配得 $5\mu g/mL$ 亚硝酸根工作液。

所有试剂均需用不含亚硝酸盐的重蒸水或电导水配制。

(三)测定步骤

(1)氮氧化物的采集

用一个内装 5mL 采样液的多孔玻板吸收管,接上氧化管,并使管口微向下倾斜,朝上风向,避免潮湿空气将氧化管弄湿而污染吸收液。以 0.3L/min 的流量抽取空气 30~40min。采样高度为 1.5m,如需采集交通干线大气中的氮氧化物,应将采样点设在人行道上,距马路 1.5m。同时统计汽车流量。若氮氧化物含量很低,可增加采样量,采样至吸收液呈浅玫瑰红色为止。记录采样时间和地点,根据采样时间和流量,算出采样体积。把一天分成几个时间段进行采样(6~9 次),如 7:00~7:30、8:00~8:30、9:00~9:30、10:30~11:00、12:00~12:30、13:30~14:00、15:00~15:30、16:30~17:00、17:30~18:00。

(2)氮氧化物的测定

①标准曲线的绘制:取 7 支 10mL 比色管,配制标准系列。

将各管摇匀,避免阳光直射,放置 15min,以蒸馏水为参比,用 1cm 比色皿,在 540nm 波长处测定吸光度。根据吸光度与浓度的对应关系,用最小二乘法计算标准曲线的回归方程式:

$$y = bx + a$$

式中:y——$(A - A_0)$,标准溶液吸光度(A)与空白溶液吸光度(A_0)之差;

x——NO_2^- 含量,μg;

a、b——回归方程式的截距和斜率。

$$\rho(NO_x) = \frac{A - A_0 - a}{b \times V \times 0.76}$$

式中:$\rho(NO_x)$——氮氧化物浓度,mg/m^3;

A——样品溶液吸光度;

V——标准状态下(25℃,760mmHg)的采样体积,L,1mmHg = 133.322Pa;

0.76——NO_2(气)转换成 NO_2^-(液)的转换系数。

②样品的测定:采样后放置 15min,将吸收液直接倒入 1cm 比色皿中,在 540nm 处测定吸光度。

(3)数据处理

根据标准曲线回归方程和样品吸光度值,计算出不同时间大气样品中氮氧化物的浓度,绘制氮氧化物浓度随时间变化的曲线,并说明汽车流量对交通干线大气中氮氧化物浓度变化的影响。

第三节　工程污染因素分析

一、概述

建设项目工程污染因素分析(简称工程分析)是环境影响评价的一个最基础和极重要的环节。通过工程分析,能够识别和筛选出建设项目的主要污染源和主要污染物,可为各评价专题和各环境要素的影响预测与评价提供基础数据,也可为污染防治措施提供优化建议,还可为环境保护监督管理提供科学依据。

工程分析通常只是针对建设项目而言。因为大多数规划只是一个比较宏观的概念性、目标性和功能性描述,所以,规划环境影响评价需要做的一个重要内容应是规划方案分析而不是工程分析。

由于建设项目的性质千差万别,工程污染因素也各不相同。但从其对环境影响的表现结果看,大致可分为以污染影响为主的污染型项目和以生态破坏为主的生态影响型项目两大类。前者如燃煤发电、石油化工、钢铁、有色金属冶炼等新建、扩建和技术改造项目;后者如大型水利枢纽、大型露天煤矿、高速公路、输油输气管道等工程建设项目。其工程分析的方法也随之分为污染型项目工程分析和生态影响型项目工程分析。道路交通项目属于生态影响型项目,在此仅对生态影响型项目工程分析的内容及方法进行介绍。

二、生态影响型项目工程分析

(一)工程分析内容

生态影响型建设项目的工程分析内容原则上应根据建设项目的工程特征来确定,核心是对生态环境影响源项(影响源和影响因素)的分析。在此基础上,才能进行污染源源强的核算和生态环境影响强度的分析,以及比选替代方案,并对拟采取的生态保护措施提出优化建议。

生态影响型项目工程分析的基本内容主要包括以下几点。

(1)建设项目概况

工程分析应首先对建设项目的组成和一般特征进行简单介绍和分析,列出项目组成表,并根据项目组成和工程特点,给出建设项目不同时期的主要活动内容和活动方式,由此识别项目可能存在的主要生态环境问题,为进一步深入分析生态环境影响源项奠定基础。

对于分期建设的项目,则应按不同建设期分别说明项目建设规模,以及各期之间的关系;对于改建、扩建和技术改造项目,还要分析现有工程状况和对生态环境的影响状况,以及改扩建和技术改造项目与现有工程的依托关系。

(2)施工计划和施工方式

应结合建设项目的工程进度计划,分析项目的施工计划。对与生态破坏和生态环境保护有重要关系的施工建设内容和施工进度计划,需要进行比较详细的分析评价。

应进行对施工期临时占地和恢复计划,以及取土、用土和弃土计划的分析。

应进行对施工期临时用水、取水和排水计划的分析。

施工方式可能会对生态环境造成较大影响,因而是需要重点考虑的分析内容。对施工方式的分析可以结合施工布置图或施工范围内的工程量加以分析评述。

(3)生态环境影响源项

生态环境影响源项分析是生态影响型项目工程分析的核心,需采用定性、半定量、定量相结合的方式,对建设项目可能的生态环境影响源项(影响源或影响因素)的强度、范围、方式等进行分析评价,包括:建设项目占地面积及类型(湿地、滩涂、耕地、林地等),植被类型和破坏量(范围和程度),可能淹没的面积,水土流失量,移民搬迁规模及安置地点的生态环境条件等。

(4)主要污染物与污染源源强

应重点关注可能会对生态环境带来不利影响的废水、废气、固体废物、噪声的产生和排放状况,尤其应注意取土场、弃土场、渣场、尾矿库、尾矿坝、垃圾填埋场、一般工业固体废物填埋场、危险废物填埋场等场所的规模、数量、服务年限、污染防治措施等对生态环境的影响。

(5) 拟采取的生态保护措施方案

生态保护措施应包括(但不限于)生态保护、生态恢复、生态补偿、生态建设等方面的内容。

对拟采取的生态保护措施方案的分析包括两个层次：一是对建设项目可行性研究报告等技术文件提出的生态保护措施进行技术先进性、经济合理性和运行可靠性方面的分析评述；二是如果拟采取的生态保护措施不能满足相关环境保护法律法规和标准规范的要求，则要在指出其存在问题的同时，有针对性地提出完善、改进和补充的对策措施建议，必要时，还应进行替代方案分析。

具体的分析评价内容如下：

①生态保护措施方案的先进性水平和可靠性分析，提出完善、改进和调整补充的对策措施建议。

②生态保护措施中有关技术经济参数的合理性分析，提出完善、改进和调整补充的对策措施建议。

③生态保护措施方案投资构成及其在项目总投资中所占比例的分析，并将结果列表。该表是指导建设项目竣工环境保护验收的重要参照依据。

(6) 替代方案

对建设项目可行性研究报告或工程设计资料中提出的选址和选线方案(包括拟采用方案和备选方案)，从生态保护的角度进行分析比较，评价其合理性和可行性，并推荐有利于生态保护的方案。

(二)工程分析方法

目前，可供选用的生态影响型项目的工程分析方法有：类比分析法、物料衡算法和资料复用法。但这些方法重点考虑的是项目对生态环境可能带来的不利影响，而且这些方法各有其特点和局限性。应根据建设项目的具体情况选择分析方法。有时还需要采用两种或两种以上的方法进行相互校核和补充完善。

需要强调的是，在生态影响型项目的工程分析过程中，应注意把握好以下几个技术要点。

(1) 注意项目组成的完整性

工程分析中，对建设项目的主体工程和配套工程的建设内容(项目组成)都必须逐一进行分析，无论其是临时性还是永久性，施工期的还是运营期的，直接的还是间接的，都应考虑在内，不能漏项。尤其是配套(辅助)工程，往往也是对生态环境影响较大的项。相关配套(辅助)工程包括：对外交通、施工道路、料场、主体工程施工建设场地、施工营地、弃土场、弃渣场等。

(2) 明确重点工程和工作重点

所谓重点工程，是指建设规模较大、影响范围较广、影响时间较长的建设项目。对一些规模虽然较小、但位于环境敏感区附近的建设项目，由于其可能带来的环境影响范围和程度并不一定小，也应视为重点工程。

不同的建设项目有其各自的重点工程。工程分析应主要围绕重点工程展开，这样才能把握和突出主要的生态环境影响因素，使环境影响评价建立在比较可信和可靠的基础上。

(3)进行全过程分析

生态环境影响是一个过程。不同时期造成的生态环境影响是不尽相同的。因此必须进行建设项目从前期准备到服务期满后(退役期)的全过程分析。

一般可将生态影响型项目全过程分为选址选线期(工程预可研期)、工程设计期(初步设计和施工图设计期)、工程建设期(施工期)、运营期(服务期)、运营结束后(退役期、闭矿期、封场期)等几个时期。工程分析的任务就是针对每个时期都进行分析。通过分析,找出影响生态环境的主要影响源项(影响源或影响因素)。

(4)兼顾其他影响因素的分析

①污染源分析:大多数生态影响型项目的污染源源强相对来说都不大,对环境要素的影响相对也较小。因此,评价工作等级一般为三级,可以使用类比分析方法获得的资料进行分析。

②环境风险因素分析:对一些发生概率虽小,但一旦发生后果就非常严重的情况(如危险化学品在储存、使用和运输等过程中可能发生的危险),需要根据环境保护法律法规和标准规范的要求,进行环境风险分析或环境风险评价。

三、公路项目工程分析

(一)主要工程活动

公路建设主要工程活动见表4-2。公路建设项目的工程内容包括路基工程、路面工程、桥梁涵洞、隧道、交叉工程、交通工程及沿线设施、连接线、三场(取土场、弃土场、采石场)、施工便道便桥、服务区、收费站、养护区等。环评应包括全部工程内容(主体工程、配套工程、辅助工程、公用工程、连带工程)、工程的全过程活动(设计期、施工期、运营期)、全部的工程活动方式(施工方式、运行方式、管理方式),并且主要工程(点、线)应清楚。

公路建设主要工程活动　　　　表4-2

内　　容		环 境 问 题	
		施工期	运营期
主体工程	线路	占地、移民、生态破坏	噪声、大气污染
	隧道	弃土、水土流失、废渣	空气质量(隧道)
	大型桥梁	城市取水影响	
	大型互通立交	噪声、扬尘对城市影响	
		生态影响	
辅助工程	服务区	生态破坏、水土流失、移民	废水、垃圾
	施工便道	生态破坏、水土流失	土地恢复
	取料场	生态破坏、水土流失	耕地恢复
储运工程	储料场	生态破坏、沥青烟	环境恢复
	沥青站	噪声	
	运输		噪声、扬尘
办公及生活设施	管理站	生态破坏、水土流失	废水、垃圾
	收费站		

（二）主要环境影响

公路工程的环境影响是多方面的,最重要的是对景观和视觉、大气质量、交通运输、噪声、水质、野生生物、社会经济的影响。高速公路可以刺激或诱发其他活动（继发性影响）,如加速土地开发或改变社会经济活动方式等。继发性影响往往比原发性影响更为深刻,更为广泛。例如公路建设对有关地区今后的人口增长和经济发展就有显著的影响。

（1）景观和视觉

通常人们所关心的是:妨碍视野,即看不到居民区和游览区的标志地物,影响以景观获利的商业活动;高坡度或高架公路限制毗邻城市的发展;扰乱游览区、居民区的视野;造成原有植被与新栽植被或风景区之间、自然地形与公路结构之间、现有建筑与公路建筑之间的不和谐。

（2）大气质量

其影响包括:在公路沿线植被和建筑结构上覆盖尘土;在道路两侧的植被和建筑物上覆盖颗粒物;由于车辆流量增加而产生烟雾;机动车产生烟尘和臭气（如汽车尾气和橡胶气味）。

（3）交通运输

其影响包括:公路穿越、阻断或损害现有街道的交通;把原来的单一性土地使用区和功能区如农业区、游览区、野生生物居住区分割成几块;施工期间卡车、建筑设备的运输量增加;以前不通车的地区在公路建成后可以通车;改善郊区交通,促进郊区工商业发展;增加当地的交通运输量和相应的服务性设施。

（4）交通噪声

其影响包括:干扰道路周围需要安静的娱乐活动;影响文化、教育、医疗机构的活动;影响需要安静的商业贸易活动;影响公路两侧的住宅开发。

（5）水质

其影响有下列一项或多项:由于公路工程在建筑和保养期间对土壤的侵蚀,导致附近河流、水库水质混浊及泥沙沉积,从而缩短水库和河道的使用期或增加管理费用,损害鱼和其他水生生物,可能损伤建筑物、道路和桥梁的地基;由于公路系统的介入和在港湾地带、沼泽、河流等处修建公路,导致流域分界线改变（特别是港湾地带）;水流自然状况的破坏影响其他重要的生态因子,如沉积类型、淡水和咸水、养分、水生贝壳、鱼和野生生物以及局部植被等;公路地表径流含有油、沥青、杀虫剂、肥料、防冻盐、人畜排泄物及燃烧产物等,影响水质和野生生物及路旁植被;来自临时性和永久性废物处理设备的废物影响局部水系的水质;地面水和地下水补给区受公路建设和使用期堆放的污染物污染,补给水中的污染物浓度增加。

（6）野生生物

其影响包括:特有的或高产量的野生生物、鱼或水生贝壳类动物栖息地丧失或退化;野生生物洄游和迁徙路线被割断;野生生物向其他地带迁移;阻断水生生物的迁移和（或）洄游;影响毗邻土地的野生生物。

（7）社会经济

其影响包括:住宅、工业、商业向其他地区迁移;名胜古迹破坏;失去一些适合工商业活动的地点;实际所需迁移费大于提供的补偿费;隔断被迁居民与原地区居民的个人联系（家庭联系、种族联系或邻居朋友联系）。

(三)工程分析内容

公路项目工程分析应根据公路项目的环评特点,分为施工期和运营期进行。工程分析应包括路线的生态分割,路基占地、土石方量,桥梁、隧道、服务区及管理设施,施工道路和施工场地的施工方式、土石方量,渣场的布置,生态恢复以及废水、废气、固体废物的处理等。公路项目工程污染因素分析内容,见表4-3。

公路项目工程污染因素分析内容一览表　　　　　表4-3

施工期工程污染因素分析	运营期工程污染因素分析
①征地拆迁数量、安置方式及对居民生活质量影响分析	①汽车尾气和交通噪声污染影响分析
②土石方平衡情况和取弃土场影响分析	②事故污染风险分析
③主要材料来源、运输方式及主要料场可选择方案影响分析,以及施工车辆和设施噪声影响分析	③路面汇水对路侧敏感地表水体影响分析
④特大及大型桥梁结构形式、施工工艺可选择方案和关键施工环节影响分析	④对景观及居民交通便利性影响分析
⑤路基路面施工作业方式、拌和场生产工艺影响分析,以及施工车辆和机械设备影响分析	⑤对区域经济发展影响分析
⑥隧道施工工艺可选择方案和废渣、废水处置方式影响分析	⑥附属服务设施产生的废水、废气、固体废物污染影响分析
⑦施工场地规模和选址、生活垃圾和生活污水处置方式影响分析	⑦对基础设施、当地产业及生活方式、资源开发等影响分析
⑧路基、施工场地和取弃土场水土流失影响分析	
⑨特殊路段工程特点及影响分析	

工程污染因素分析应给出拆迁安置方式的可行性定性分析意见、取弃土场的选择要求、施工场地选择的原则要求、施工期临时水土保持防护措施要求、附属服务设施布设及生活污水等的处理要求。

第五章
道路交通环境影响预测评价方法

第一节　环境影响识别与预测方法

一、环境影响识别方法

环境影响是指人类活动导致的环境变化和由此引起的对人类社会的效应。环境影响识别就是要找出所受影响的环境因素，以使环境影响预测减少盲目性，环境影响综合评价增加可靠性，污染防治对策具有针对性。

（一）环境影响因子识别

对某一高速公路建设项目进行环境影响识别，首先要弄清楚该工程影响地区的自然环境和社会环境状况，确定环境影响评价的工作范围。在此基础上，根据工程的组成、特性及其功能，结合工程影响地区的特点，从自然环境和社会环境两个方面，选择需要进行影响评价的环境因子。自然环境影响包括对野生动植物及其栖息地的影响、对水土流失的影响、对农业土壤与农作物的影响、对水环境影响、对环境噪声及空气质量的影响等；社会环境影响包括对社区发展的影响、对居民生活质量和房屋拆迁的影响、对基础设施所产生的影响、对资源利用的影响、对景观环境的影响等。

环境影响因子识别的方法较多,如叙述分析法和项目类别矩阵法等。表 5-1 为常用的高速公路项目环境影响因子识别矩阵,表中列出了项目施工期、运营期的主要工程活动及主要环境影响因子。表中用符号标出了某项目各阶段可能产生的环境问题及影响大小。

某公路项目环境影响因子识别矩阵　　　　　　　　　　表 5-1

工程及活动		自然(物理)环境				生态环境						社会环境							生活环境					
		噪声	地表水	空气	振动	保护区	植被	土壤侵蚀	土地资源	野生动物	水文	征地	再安置	农业生产	公路交通	水利设施	发展规划	社会经济	文物	通行交往	环境质量	就业	经济	安全	环境景观
施工期	施工前准备											●	●											▲	
	取、弃土																								
	路基施工	▲		▲	▲	●	●	●	●	●					▲	●			●	▲	★	△	△	★	▲
	路面施工																								
	桥梁施工																								
	隧道施工																								
	材料运输																								
	料场																								
	施工营地																								
	施工废水																								
	沥青搅拌																								
	绿化及防护工程																								
运营期	养护与维修																								
	交通运输	●		▲	★	●									○		○	○		▲	★	☆	△		
	路面径流																								
	交通事故																								
	路基																								
	构筑物																								
	服务设施																								

注:○/●-正/负重大影响;△/▲-正/负中等影响;☆/★-正/负轻度影响。

(二)环境影响程度识别

高速公路建设项目对环境因子的影响程度可用等级划分来反映,按有利影响与不利影响两类分别划分等级。不利影响常用负号表示,分为极端不利、非常不利、中度不利、轻度不利、微弱不利共 5 级。有利影响常用正号表示,分为微弱有利、轻度有利、中等有利、大有利、特有利共 5 级。

二、环境影响预测方法

(一)数学模式法

主要包括两类方法:一类是统计分析的方法,即利用统计、归纳的方法在时间域上通过外推做出预测;另一类是理论分析的方法,即利用某领域内的系统理论进行逻辑推理,通过数学物理方程求解,得出其解析解或数值解来完成预测。

(二)物理模拟预测法

人们除了应用数学分析工具进行理论研究外,还可以应用物理、化学、生物等方法直接模拟环境影响问题,这类方法统称为物理模拟预测法,属实验物理学研究范畴。这类方法的最大特点是采用实物模型进行预测。方法的关键在于原型与模型相似。相似通常要考虑几何相似、运动相似、热力相似和动力相似。

(三)对比法与类比法

对比法是工程兴建前后,通过对比分析某些环境因子的受影响机制及变化过程,研究其变化趋势,确定其变化程度并进行预测。类比法是通过与一个已知的相似工程兴建前后对环境的影响进行比较,通过修正进行预测。

(四)专业咨询法

该法是一种系统分析的方法,通常用于缺乏足够数据、资料,无法客观地进行统计分析或是某些环境因子难以用数学模型定量化等的情况。最简单的咨询法是召开专家会议,通过组织专家讨论,对一些疑难问题进行咨询,在此基础上做出预测。专家在思考问题时会综合应用其专业理论知识和实践经验,进行类比、对比分析以及归纳、演绎、推理,给出其专业领域内的预测结果。较有代表性的专家咨询法是特尔斐法。

第二节 环境影响评价方法

所谓"环境影响综合评价"是按照一定的评价目的,把人类活动对环境的影响从总体上综合起来,对环境影响进行定性或者定量的评定。

(一)指数法

一般的单因子指数分析评价,先引入环境质量标准,然后对评价对象进行处理,通常就以实测值(或预测值)C 与标准值 C_S 的比值作为其因子指数:$P = C/C_S$。单因子指数法可评价该环境因子的达标($P_i < 1$)或超标($P_i > 1$)及其程度。显然,P_i 值越小越好,越大越坏。

在各单因子的影响评价已经完成的基础上,为求所有因子的综合评价,可引入综合指数,所用方法称为"综合指数法"。综合过程可以分层次进行,如先综合得出环境空气影响分指

数、水环境影响分指数、土壤环境影响分指数……然后再综合得出总的环境影响综合指数,见式(5-1)和式(5-2):

$$P = \sum_{i=1}^{n}\sum_{j=1}^{m} P_{ij} \tag{5-1}$$

$$P_{ij} = \frac{C_{ij}}{C_{S_{ij}}} \tag{5-2}$$

式中:i——第 i 个环境要素;

n——环境要素总数;

j——第 i 个环境要素中的第 j 个环境因子;

m——第 i 个环境要素中的环境因子总数。

以上综合方法是等权综合,即各影响因子的权重完全相等。

各影响因子权重不等的综合方法可采用式(5-3):

$$P = \frac{\sum_{i=1}^{n}\sum_{j=1}^{m} w_{ij} P_{ij}}{\sum_{i=1}^{n}\sum_{j=1}^{m} w_{ij}} \tag{5-3}$$

式中:w_{ij}——权重因子,根据有关研究或专家咨询确定。

指数评价方法可以评价环境质量好坏与影响大小的相对程度。采用统一指数,还可进行不同方案间的相互比较。

(二)相关矩阵法

此法由 Leopold 等在 1971 年提出,矩阵中横轴上列出了 100 项开发行为,纵轴上列出了 88 个受开发行为影响的环境要素。把两种清单组成一个矩阵有助于对影响的识别,并确定某种影响是否可能产生。当开发活动和环境要素之间的相互作用确定之后,就可以确定、解释影响并对之予以识别。识别时把每个行为对每个环境要素影响的程度,划分为若干个等级,有分为 5 级的,也有分为 10 级的,用阿拉伯数字表示。由于各个环境要素在环境中的重要性不同,各个行为对环境影响的程度也不同,为了求得各个行为对整个环境影响的总和,常用加权的办法。假设 M_{ij} 表示开发行为 j 对环境要素 i 的影响,W_{ij} 表示开发行为 j 对环境要素 i 的权重。所有开发行为对环境要素 i 的总影响,则为 $\sum_{j} M_{ij} W_{ij}$;开发行为 j 对整个环境的总影响,则为 $\sum_{i} M_{ij} W_{ij}$;所有开发行为对整个环境的影响,则为 $\sum_{i}\sum_{j} M_{ij} W_{ij}$,如表 5-2 所示。

各开发行为对环境要素的影响　　　　　　表 5-2

环境要素	居住改变	水文改变	修路	噪声振动	城市化	平整土地	侵蚀控制	园林化	汽车环行	总影响
地形	8(3)	-2(7)	3(3)	1(1)	9(3)	-8(7)	-3(7)	3(10)	1(3)	3
水循环	1(1)	1(3)	4(3)			5(3)	6(1)	1(10)		47
气候	1(1)				1(1)					2
水稳定	-3(7)	-5(7)	4(3)			7(3)	8(1)	2(10)		5
地震	2(3)	-1(7)			1(1)	8(3)	2(1)			26
空旷地	8(10)		6(10)	2(3)	-10(7)			1(10)	1(3)	89
居住区	6(10)				9(10)					150
健康	2(10)	1(3)	3(3)		1(3)	5(3)	2(1)		-1(7)	45

续上表

环境要素	居住改变	水文改变	修路	噪声振动	城市化	平整土地	侵蚀控制	园林化	汽车环行	总影响
人口	1(3)			4(1)	5(3)					22
建筑	1(3)	1(3)	1(3)		3(3)	4(3)	1(1)		1(3)	34
交通	1(3)		−9(7)		7(3)				−10(7)	−109
总影响	180	−47	42	11	97	31	−2	70	−68	314

表中数字表示影响大小,1表示没有影响,10表示影响最大。负数表示坏影响,正数表示好影响。括号内数字表示权重,数值越大权重越大。从表中可以看出,加权后总影响为314,是正值,意味着整个工程对环境是有益的;而交通这一环境要素受到的总影响为−109,是负值,意味着该工程对交通产生的是有害影响;得益最大的是居住区和空旷地,分别为150和89。居住改变、城市化、园林化三项开发行为的总影响分别是180、97、70,得益最大,而汽车环行与水文改变两个开发行为的总影响为−68和−47,意味着此两项开发行为对环境具有较大的有害影响,应采取相应的对策补救。

(三)图形叠罩法

该方法开始为手工作业,即准备一张透明图片,画上项目的位置和要进行影响评价的区域和轮廓基图。另有一份可能受影响的当地环境要素一览表,其上指出那些根据专家们判断可能受项目影响的环境要素。对每种要评价的要素都需准备一张透明图片,每种要素受影响的程度可以用一种专门的黑白色码的阴影的深浅来表示。通过在透明图上对不同地区给出的特定的阴影,可以很容易地表示影响程度。把各种色码的透明片叠罩到基图上就可以看出一项工程的综合影响。不同地区的综合影响差别由阴影的相对深度来表示。

图形叠罩法易于理解,能显示出影响的空间分布,并且容易说明项目的单个或复合影响与受影响地点居民分布的关系,也可判断有利影响和不利影响的分布。当然,手工叠罩法也有明显的缺点,一次叠罩12张以上图片就会因为颜色太复杂而难以说明问题。现在,已有人采用计算机叠图方法,则可以不受此限制。

(四)网络法

网络法的原理是采用"原因—条件—结果"的分析网络来阐明和推广矩阵法。除了矩阵法的功能外,网络法还可以鉴别累积影响或间接影响,网络实际上呈树枝状,故又称关系树枝或影响树枝,可以表述和记载第二、第三以及更高层次上的影响。

要建立一个网络就要回答与每个计划活动有关的一系列问题,例如,原发(第一级)影响面是哪些,在这些范围内的影响是什么?二级影响面是什么,二级影响面内有些什么影响?三级影响面又是什么等。图5-1是在某商业区内新建一条高速公路对住宅和商业迁移的影响网络。

利用网络法时,需要估计影响事件分支中单个影响事件的发生概率与影响程度,求得各个影响分支上各影响事件的影响贡献总和,再应用矩阵法中提供的方法求出总的影响程度。图5-1中有两个基本的工程行动:住宅迁移A和商业迁移B,其影响事件链构成9个分支。

设P_i为分支i上的事件发生的概率($i=1,2,\cdots,9$);对每种影响x_{ij}定义:$M(x_{ij})$(+或−)为影响x_{ij}的大小,$I(x_{ij})$为影响x_{ij}的权重。$M(x_{ij})$和$I(x_{ij})$两者都有一定的值域(如:1~10)。影响树给定分支的影响评分定义为式(5-4):

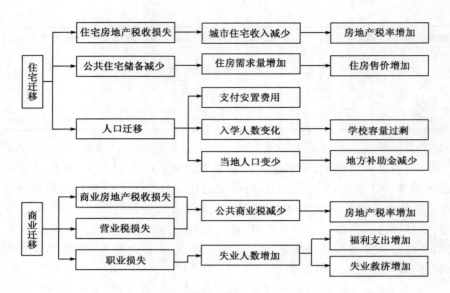

图 5-1 在商业区新建高速公路的影响树枝

$$P_i = \sum_j M(x_{ij})I(x_{ij}) \qquad (5\text{-}4)$$

上式可以求得某分支上所有影响（事件）x_{ij}的和。例如，分支 1 的影响评分为式（5-5）：

$$P_1 = M(A_1)I(A_1) + M(A_{1,1})I(A_{1,1}) + M(A_{1,1,1})I(A_{1,1,1}) \qquad (5\text{-}5)$$

用类似的方法可以求出其他 8 个分支的影响评分。由于原发、第二层和第三层的影响是否真的发生尚有某种不确定性，所以要按发生概率分配各分支的权重系数，以修正各分支的评分，由所有的分支的权重评分之和（即所有可能发生事件的集合）就可以导出"期望环境影响评分"，见式（5-6）：

$$\text{期望环境影响评分 } P_{\text{总}} = \sum_{i=1}^{9} P_i \ (P_i \text{ 为分支 } i \text{ 的影响评分}) \qquad (5\text{-}6)$$

为进一步说明这种方法，考虑如图 5-2 所示的在商业区新建高速公路的影响树枝和分支图解。假设这些影响的大小和评分已确定，并列成表 5-3。

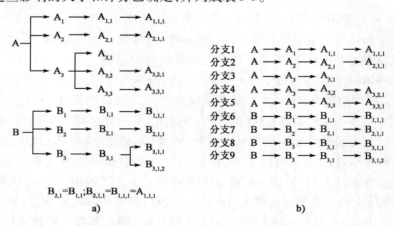

图 5-2 影响树枝和相应的分支图解

在商业区新建高速公路的影响频率、幅度和重要性　　　　　表5-3

影　　响	影响编号	发生概率	贡献大小	重要性
住宅迁移	A	1.0	-2.0	4
住宅房地产税收损失	A_1	1.0	-1.5	5
城市住宅收入减少	$A_{1,1}$	1.0	-0.5	10
房地产税率增加	$A_{1,1,1}$	0.3	-1.0	3
公共住宅储备减少	A_2	1.0	-0.25	2
住房需求量增加	$A_{2,1}$	0.4	+3.0	3
住房售价增加	$A_{2,1,1}$	0.2	-1.2	1
人口迁移	A_3	1.0	-1.0	7.5
支付安置费用	$A_{3,1}$	1.0	-0.7	0.5
入学人数变化	$A_{3,2}$	0.8	+2.2	1
学校容量过剩	$A_{3,2,1}$	0.8	+1.5	3.5
当地人口变少	$A_{3,3}$	0.95	+0.2	1.5
地方补助金减少	$A_{3,3,1}$	0.5	-1.1	9
商业迁移	B	1.0	-4.0	5
商业房地产税收损失	B_1	1.0	-4.8	6
公共商业税减少	$B_{1,1}$	0.2	-1.5	10
营业税损失	B_2	0.2	-2.5	10
职业损失	B_3	0.9	-3.0	6
失业人数增加	$B_{3,1}$	0.9	-0.5	7
福利支出增加	$B_{3,1,1}$	0.1	-0.8	0.7
失业救济增加	$B_{3,1,2}$	0.2	-0.1	0.2

图5-2所描绘的影响树枝里有9条分支。下面是一个影响分支：
住宅迁移→住宅房地产税收损失→城市住宅收入减少→房地产税率增加。
该分支上各影响都发生的概率为：(1.0)(1.0)(1.0)(0.3)=0.3
影响总分为：(-2)(4)+(-1.5)(5)+(-0.5)(10)+(-1)(3)=-23.5
影响权重评分为：(0.3)(-23.5)=-7.05
类似地，计算分支商业迁移→职业损失→失业人数增加→失业救济增加。
该分支的发生概率为：(1.0)(0.9)(0.9)(0.2)=0.162
影响总分为：(-4)(5)+(-3)(6)+(-0.5)(7)+(-0.1)(0.2)=-41.52
影响权重评分为：(0.162)(-41.52)=-6.73
其他7条分支重复类似计算，再把9条分支的权重评分相加，便可以得到期望环境影响评分为-54.93，这就意味着影响是不利的。

这种方法有几点必须注意：首先，要能有效地用发生概率估计各个影响发生的可能性；第二，算出的分数不是绝对分数，只是相对分数，这些分数只能用于对不同方案或不同减轻措施的效果进行比较；第三，为了取得有意义的期望环境影响评分，影响网络必须列出所有可能的、有显著性意义的原因—条件—结果序列或事件链。如果遗漏了某些环节，评分就是不全面的。

第三节 环境空气影响评价

一、环境空气质量现状评价

(一)现状调查内容

调查评价范围内的地形、地貌特点和现有污染源的情况,收集当地政府制订的功能区划分、环境空气质量执行标准和发展规划,划分评价路段,确定环境空气敏感点。

收集评价区内环境空气质量常规监测资料,统计分析各主要污染物的浓度值、超标量和变化趋势等。

收集评价路段近 1~3 年常规气象资料,包括年、季、月的气压、气温、降水、湿度、日照、主导风向、平均风速及稳定度频率等内容。

(二)现状监测

三级评价只收集已有的沿线环境空气质量常规监测资料和气象资料;二级、一级评价除收集上述资料外,应补充一期现状监测。

监测布点以环境空气敏感点为主。监测点应具有代表性,能反映路段内环境空气污染水平和污染物浓度分布规律。

监测因子为选定的评价因子。一级、二级评价应采用《环境空气质量标准》(GB 3095—2012)中规定的监测采样和分析方法;三级评价每期监测 5 天并保证至少 3 天获得有效数据,尽可能采取 24 小时连续监测 NO_2,若条件受限可每天至少监测 4 次(北京时间 7:00、11:00、14:00、19:00)。

监测时同步进行气象(监测时的地面风向、风速、气温等)观测。

(三)现状评价

分析评价因子日均浓度值变化范围、超标率及超标原因,采用单因子指数法对评价因子达标情况进行分析评价,并对环境空气现状做出评价。

单因子指数法,见式(5-7):

$$P_i = \frac{C_i}{C_{S_i}} \tag{5-7}$$

式中:C_i——i 因子浓度实测值;

C_{S_i}——i 因子浓度标准值。

对评价范围内现有环境空气敏感点的功能区划分、环境空气质量现状、现有污染源情况等进行分析评价,如环境空气质量现状超标,应根据当地实际环境情况分析超标原因。

二、公路建设施工期的环境空气影响评价

(一)环境空气影响评价方法

公路建设项目施工期产生的污染物相对明确,主要为扬尘和沥青烟,对环境空气的影响相

对较小。从近几年的公路建设项目中可以看到,由于建设单位环保意识的提高,采用了先进的施工设备和施工方式,施工期对环境空气的影响在不断减弱;技术的进步带来的是施工工期的进一步缩短,直接促使了环境影响时间的减少。

因此,施工期环境空气影响评价一般不作为评价重点,通常仅作类比分析。正确选择类比对象是保证评价工作合理性、准确性的关键,要有较高的同类性和代表性。类比对象选择时考虑的基本因素为单位路段施工量和工程附近的环境状况。

(二)环境空气影响分析

公路在施工阶段的环境空气污染源主要为:施工活动中灰土拌和、沥青混凝土拌和以及车辆运输等产生的扬尘;沥青混凝土制备及路面铺浇沥青等过程产生的沥青烟(土、石和混凝土路面无此项)。

(三)施工期扬尘的影响分析

在公路建设项目的施工期,平整土地、打桩、铺筑路面、材料运输、装卸和搅拌物料等环节都有扬尘产生,其中最主要的是运输车辆道路扬尘和施工作业(混凝土搅拌、水泥装卸和加料等)扬尘。

(1)运输车辆道路扬尘

施工区内车辆运输引起的道路扬尘约占场地扬尘总量的50%以上。道路扬尘的起尘量与运输车辆的车速、载重量、轮胎与地面的接触面积、路面含尘量、相对湿度等因素有关。根据同类项目建设经验,施工期施工区内运输车辆大多行驶在土路便道上,路面含尘量高,道路扬尘比较严重。特别在混凝土工序阶段,灰土运输车引起的扬尘对道路两侧的影响更为明显。据有关资料,干燥路面在距路边下风向50m处,总悬浮颗粒物(TSP)浓度约为10mg/m^3;距路边下风向150m处,TSP浓度约为5mg/m^3。主要的防治措施为洒水抑尘。

(2)施工作业扬尘

各种施工(平整土地、取土、筑路材料装卸、灰土拌和等)扬尘中,以灰土拌和所产生的扬尘最严重。灰土拌和有路拌和站拌两种方式:在采取路拌方式时,扬尘对周围环境空气的影响时间较短,影响程度也较轻,但影响的路线较长;而采用站拌方式时,扬尘影响相对集中,但影响的时间较长,影响程度较重。表5-4给出了某高速公路施工期灰土拌和扬尘的监测结果。由表可知,路拌和站拌两种方式施工场地下风向扬尘的影响范围基本在150m以内。

高速公路施工期灰土拌和扬尘检测结果 表5-4

检测地点	灰土拌和方式	下风向距离(m)	TSP(mg/m^3)
某立交桥隧道	路拌	50	0.389
		100	—
		150	0.271
某灰土拌和站	集中拌和	50	8.849
		100	1.703
		150	0.483

续上表

检测地点	灰土拌和方式	下风向距离(m)	TSP(mg/m³)
某灰土拌和站	集中拌和	中心	9.840
		100	1.970
		150	0.540
		对照点	0.400

(四)施工期沥青烟的影响分析

现今,高速公路和其他高等级公路一般采用沥青混凝土路面,沥青烟成为施工阶段大气污染的另一主要污染源。这种污染主要出现在沥青熬炼、搅拌和路面铺筑过程中,其中以沥青熬炼过程沥青烟的排放量最大。沥青烟中主要的有毒有害物质是碳氢化合物(THC)、酚和3,4-苯并芘。目前高速公路建设均采用设有除尘设备的封闭式厂拌工艺,用无热源式高温容器将沥青运至铺筑工地,沥青烟的排放浓度较低,可以满足《大气污染物综合排放标准》(GB 16297—1996)中沥青烟的最高允许排放浓度,对周围环境影响较小。以意大利产的MAZY型(160t/h)设备为例,其烟气排放高度约20m,污染物排放测量结果见表5-5和表5-6。

不同时间污染物排放测量结果　　　　　　　　　　　　　表5-5

时间＼污染物	烟气量(Nm³)	烟尘量(kg)	THC(kg)	3,4-苯并芘(mg)
小时	933.5	3.74	0.14	0.75
天	4 800	19.23	0.72	3.86

不同监测点污染物排放测量结果　　　　　　　　　　　　表5-6

监测点＼污染物	THC(mg/m³)	3,4-苯并芘(μg/m³)		酚(mg/m³)
		最大值	平均值	
下风向50m	0.034	0.12×10^{-2}	0.95×10^{-3}	<0.01
下风向100m	0.057	0.17×10^{-2}	0.15×10^{-2}	<0.01
下风向200m	0.043	0.89×10^{-3}	0.71×10^{-3}	<0.01
参照标准	5(以色列标准)	1.0×10^{-2}		0.02

由监测结果可知,如搅拌设备选型得当,封闭式厂拌工艺造成的沥青烟污染对周围环境的影响较小。

另据有关资料记载,铺筑路面时所排放的沥青烟的影响距离约为下风向100m左右。

三、公路运营期的环境空气影响评价

由于公路建设规模和等级不同,公路运营期的环境空气影响因素存在一定的差异。高等级公路,一般采用沥青混凝土路面,营运车辆较多,营运中主要的环境空气污染物为车辆尾气中的有害物质;偏远地区的低等级公路,由于受资金和材料运输等条件的限制,路面采用砂石路面,这种道路一般营运车辆较少,车辆运行对环境空气质量的主要影响为车辆扬尘。另外,一般高等级公路管理和维护单位的日常工作人员不多,生活采暖可采用电暖器、太阳能或者进入地方供暖网络;高速公路服务区除日常工作人员外,过往车辆停靠还会形成较大的人流,服

务区的餐饮业饮食油烟排放,也是影响公路沿线环境空气质量的重要因素之一。

根据国家及各地区对新建锅炉的环保要求,建议服务区和收费站采暖由空调和电锅炉供给,因其无大气污染物排放,对环境影响很小,一般不作进一步污染预测。另外,服务区餐饮做饭燃用液化气,其餐饮油烟严格执行 GWPB5—2000 中相应的排放标准限值后,对环境影响也很小。

因此,这里仅就车辆运行对环境空气的影响评价作详细介绍。

(一)车辆运行中污染物的产生和危害

(1)车辆尾气排放物的产生

按燃料分类,公路上运行的车辆主要为汽油发动机车和柴油发动机车。两种车辆因其工作原理不同,污染物的排放有一定差异。

在汽油发动机中,空气与汽油经化油器混合进入汽缸,在压缩后由火花塞点燃。燃烧过程产生的能量推动活塞产生动力,燃烧后的混合物离开发动机从尾气管排出。1kg 汽油完全燃烧大约需要 15kg 空气,但为了产生最大动力,应降低空气与燃料的比值。大多数汽车行驶时,空气燃料比小于 15∶1,因此燃烧不完全。空气不足时会产生 CO,且未燃烧的汽油及碳氢化合物等副产物会随 CO_2 和水汽从尾气管排出。由于汽缸内温度高、压力大,因此同时会产生大量的 NO_2。

柴油发动机中没有节门控制空气供应,较汽油发动机有更高的空气燃料比;而其依靠空气压缩加热,点燃燃料,会在汽缸中产生很高的压力和温度(一般在 540℃)。因此 CO 和碳氢化合物的排放量会低于汽油发动机,但 NO_2 排放量较高。

(2)排放物对环境的危害

经国内外的试验研究,已明确机动车辆排放物中,对人体健康有直接危害作用的为 CO、NO_2 以及排放物的二次衍生物——光化学烟雾等。同时,也发现上述污染物对其他动物、植物和人类赖以生存的水、土等环境均有不同程度的危害。

在我国不同地区的监测中已发现,对上述环境空气污染物,车辆排放的污染物占有较高的分担率,如 CO:65%~80%,NO_2:50%~60%,THC:80%~90%。随着我国车辆保有量近年来以 15% 以上的年增长率递增,上述各项污染物的排放量亦将上升。毋庸置疑,车辆排放物将成为我国环境空气的主要污染源之一。

(二)环境空气影响评价内容和主要方法

1)评价范围

评价实践和类比监测表明,公路运营期车辆排放污染物的扩散与公路沿线地形和气象条件有关。扩散后所覆盖的地域为公路两侧与线形平行的带状区域,即便是交通量很大的公路,距公路中心线 150m 以外的污染物浓度已接近背景值,故将路中心线两侧各 200m 的狭长地带作为评价区。考虑到评价区内或边界外附近存在环境空气质量一类功能区的要求和不利扩散气象条件可能造成的影响,评价范围可扩大到路中心线两侧各 300m 的地带。

2)评价因子

根据国家《环境空气质量标准》中规定的有浓度限值的污染物和公路运营期车辆排放的主要污染物确定评价因子。

(1) 一氧化碳(CO)

一氧化碳是机动车排放物中含量较高的一种。据我国1989年对11个城市(清洁区)的调查统计,一氧化碳日均浓度值为0.86~8.2mg/m³,有4个城市日均值为4~8mg/m³(已超标)。

CO进入人体血液后,可产生碳氧血红蛋白(CO-Hb),降低血液输氧能力,对人体心血管和神经系统构成危害。这种危害与CO的浓度和人体暴露在CO中的时间有关。为此,将CO作为首选评价因子。

(2) 二氧化氮(NO_2)

二氧化氮也是机动车的主要排放物。空气中的NO_2由车辆排放的约占50%以上。监测表明,全国监测出的NO_2日均浓度值的混合平均值为0.046mg/m³,公路两侧明显高于此值。NO_2对人体和动物的呼吸系统具有很强的毒性。研究还发现,NO_2和SO_2的协同作用可对一些植物造成严重影响。

(3) 悬浮颗粒物

悬浮颗粒物的指标包括总悬浮颗粒物(TSP,空气动力学当量直径≤100μm)和可吸入颗粒物(PM_{10},空气动力学直径≤10μm,是TSP的一部分)等。监测结果表明,我国有65%的城市TSP最高日均浓度值接近650μg/m³。

TSP中的PM_{10}有一部分来自车辆,特别是柴油车的排放物;另外,车辆在砂石路面运行产生扬尘,同样是TSP浓度变化的重要原因。TSP浓度超过0.1mg/m³时,可造成大气能见度下降和到达地面的辐射能减少。PM_{10}如进入人体呼吸系统,可对呼吸道和肺部产生严重危害,将TSP选作评价因子是具有现实意义的。

非甲烷总烃(NMHC)可作为评价因子,但是,不作浓度分布预测,只进行排放量计算,这是因为:

①对人体健康有危害作用的光化学烟雾,是由大气中的碳氢化合物、氮氧化物和氧化剂共同作用所产生的,这三者之间存在一定的相关关系。知道非甲烷总烃的浓度可判别光化学烟雾产生的可能性。

②但是,我国目前尚无总烃浓度限值标准,总烃由多种碳氢化合物组成,因各地车用汽油来源不同,排放的总烃成分的组成比例并不一致,不同碳氢化合物组成的总烃毒性差异很大。非甲烷总烃对人体和动物的危害不取决于各种成分的累加浓度,而取决于其中有害成分的多少。

3) 评价方法

公路建设项目的线路较长,一般在数十至数百千米之间,交通量预测全线不一致,一般按划分的路段进行预测。针对上述特点,并结合我国环评工作的实践,评价应按交通量预测所划分的路段分段进行。在路段内选择一个或几个地点作为评价代表点,进行现状调查、监测和污染物浓度分布预测,并以评价点的结论代表该路段的评价结论。因此,评价方法可归纳为"在路段内以点为主,点段结合,反馈全线"。

四、车辆排放污染物模式预测

(一) 排放源强

等速工况下,气态污染物单车排放因子E_{ij}的推荐值,是参考美国环保局(EPA)1991年执行的 MOBILE4.1 版本模式、因素和计算方法,结合我国对部分车辆所进行的实测结果统计修正得出的。具体数据则是根据国家发布的有关标准,以 i 型车出厂做产品一致性检查时的 j 类气态排放物的单车排放因子标准值为基础,通过考虑车速、环境温度、行驶里程增值、车辆折旧更新和曲轴箱泄漏及油箱、化油器的蒸发等因素进行修正后,从大量的在用车辆排放测试数据中统计计算得出的。各路段的日或小时平均交通量可由可行性研究报告取得,并换算成各型车的绝对小时交通量。

等速工况气态污染物单车排放因子 E_{ij} 的推荐值如表 5-7 所列。

等速工况单车排放因子推荐值[单位:g/(km·辆)] 表 5-7

平均车速(km/h)		50.0	60.0	70.0	80.0	90.0	100.0
小型车	CO	31.34	23.68	17.90	14.76	10.24	7.72
	THC	8.14	6.70	6.06	5.30	4.66	4.02
	NO$_x$	1.77	2.37	2.96	3.71	3.85	3.99
中型车	CO	30.18	26.19	24.76	25.47	28.55	34.78
	THC	15.21	12.42	11.02	10.10	9.42	9.10
	NO$_x$	5.40	6.30	7.20	8.30	8.80	9.30
大型车	CO	5.25	4.48	4.10	4.01	4.23	4.77
	THC	2.08	1.79	1.58	1.45	1.38	1.35
	NO$_x$	10.44	10.48	11.10	14.71	15.64	18.38

(二)排放污染物浓度扩散模式

(1)当风向与线源(即公路)夹角为 $0 < \theta < 90°$ 时,可以计算任意形状线源排放的污染物浓度分布(有限长和无限长线源均可),如图 5-3 所示的公路为有限长线源(AB 段),其扩散模式如式(5-8):

$$C_{PR} = \frac{Q_j}{U}\int_A^B \frac{1}{2\pi\sigma_y \cdot \sigma_z}\exp\left[-\frac{1}{2}\left(\frac{y}{\sigma_y}\right)^2\right]\left\{\exp\left[-\frac{1}{2}\left(\frac{z-h}{\sigma_z}\right)^2\right]+\exp\left[-\frac{1}{2}\left(\frac{z+h}{\sigma_z}\right)^2\right]\right\}dl \tag{5-8}$$

式中:C_{PR}——公路线源 AB 段在预测点 R_0 产生的污染物浓度,mg/m^3;

U——预测路段有效排放源高处的平均风速,m/s;

Q_j——j 类气态污染物排放强度,mg/(s·m);

σ_y、σ_z——水平横风向、垂直扩散参数,m;

y——线源微元中心点至预测点的横风向距离,m;

z——预测点至地面的高度,m;

h——有效排放源高度,m;

A、B——线源起点及终点。

扩散模式(5-8)中几何参数的关系如下。

A 直线线源测点至微元中心点的 x 与 y 按式(5-9)计算(图 5-3):

$$\begin{cases} x = L\cos\theta \\ y = L\sin\theta - \dfrac{S}{\cos\theta} \end{cases} \tag{5-9}$$

B 圆弧曲线线源测点至微元中心点的 x' 和 y' 按式(5-10)计算：

$$\begin{cases} \theta' = \phi + \theta = \dfrac{L_P}{R}\dfrac{180}{\pi} + \theta \\ x' = L'\cos\theta + R\sin(\phi+\theta) - R\sin\theta \\ y' = R[\cos\theta - \cos(\phi-\theta)] + L'\sin\theta - \dfrac{S}{\cos\theta} \end{cases} \quad (5\text{-}10)$$

式中：L_P——曲线线段弧长，m；
ϕ——与 L_P 相应的圆心角，°。

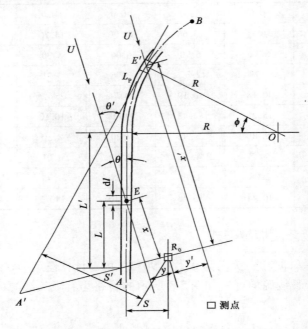

图 5-3　公路为线源的污染物浓度扩散计算示意图

θ、θ'-风速矢量与线源（公路中心线）夹角，°；L-微元中心点至线源起点 A 的距离，m；L'-曲线起点至线源起点 A 的距离，m；R-曲线公路的曲率半径长，m；ϕ-曲线微元中心点至曲线起点的圆心角，°；S、S'-预测点至线源中心线或微元中心点切线的垂直距离，m

(2) 当风向与线源垂直（$\theta = 90°$）时，其地面浓度扩散模式如式(5-11)：

$$C_{\text{垂直}} = \left(\dfrac{2}{\pi}\right)^{1/2} \dfrac{Q_j}{U\sigma_z} \times \exp\left[-\left(\dfrac{h^2}{2\sigma_z^2}\right)\right] \quad (5\text{-}11)$$

(3) 当风向与线源平行（$\theta = 0°$）时，其地面浓度扩散模式见式(5-12)、式(5-13)、式(5-14)：

$$C_{\text{平行}} = \left(\dfrac{2}{\pi}\right)^{1/2} \dfrac{Q_j}{U\sigma_z(r)} \quad (5\text{-}12)$$

$$r = \sqrt{y^2 + \dfrac{z^2}{e^2}} \quad (5\text{-}13)$$

$$e = \dfrac{\sigma_z}{\sigma_y} \quad (5\text{-}14)$$

式中：r——微元至预测点的等效距离，m；
e——常规扩散参数比。

（三）扩散模式各参数的确定

（1）平均风速

有效排放源高度处的平均风速 U，可现场检测得出。

如引用气象资料中的风速 U_0，当 $U_0 < 2\text{m/s}$ 时，考虑车辆高速行驶的空气拖动效应，应按式（5-15）进行修正。

$$U = AU_0^{0.164}\cos^2\theta \tag{5-15}$$

式中：A——与车速相关的系数，车速为 80～100km/h 时，$A = 1.85$；
θ——风速矢量与线源夹角，°。

当计算得出的 $U < U_0$ 时，仍用 U_0 代入式（5-8）、式（5-11）或式（5-12）中。

（2）大气稳定度

大气稳定度的分级执行《环境影响评价技术导则 大气环境 附录B》(HJ/T 2.2—2008)的规定并提高一级。

（3）垂直扩散参数

垂直扩散参数 σ_z 按式（5-16）计算：

$$\sigma_z = (\sigma_{za}^2 + \sigma_{z0}^2)^{1/2}$$
$$\sigma_{za} = a(0.001x)^b \tag{5-16}$$

式中：σ_{za}——常规垂直扩散参数，m；
σ_{z0}——初始垂直扩散参数，m，取值见表5-8；
a、b——回归系数和指数，取值见表5-9；
x——线源微元至预测点的下风向距离，m。

初始垂直扩散参数 σ_{z0} 取值　　　　　　表5-8

风速 U(m/s)	<1	$1 \leq U \leq 3$	>3
σ_{z0}(m)	5	$5 - 3.5(U/2 - 0.5)$	1.5

回归系数和指数　　　　　　表5-9

大气稳定度等级	a	b
不稳定（A、B、C）	110.62	0.931 98
中性（D）	86.49	0.923 32
稳定（E、F）	61.14	0.914 65

（4）水平扩散参数

水平扩散参数按式（5-17）计算：

$$\sigma_y = (\sigma_{ya}^2 + \sigma_{y0}^2)^{1/2}$$
$$\sigma_{ya} = 465.1 \times (0.001x)\tan\theta_P$$
$$\theta_P = c - d \times \ln(0.001x) \tag{5-17}$$

式中:σ_{ya}——常规水平横风向扩散参数,m;
　　　σ_{y0}——初始水平扩散参数,m,取值见表5-10;
　　　θ_P——烟雨水平扩散半角,°;
　　　x——线源微元中心点至预测点的下风向距离,m;
　　　c、d——回归系数,取值见表5-11。

σ_{y0} 取 值　　　　　　　　　　表5-10

风速 U(m/s)	<1	1≤U≤3	>3
σ_{y0}(m)	10	$2\sigma_{z0}$	3

回 归 系 数　　　　　　　　　　表5-11

大气稳定度等级	c	d
不稳定(A、B、C)	18.333	1.8096
中性(D)	14.333	1.7706
稳定(E、F)	12.500	1.0857

(5)风向平行于公路中心线时的常规扩散参数确定
①常规垂直扩散参数 σ_{zap} 按式(5-18)计算:

$$\sigma_{zap} = a(0.001r)^b$$
$$r = \left[y^2 + \left(\frac{z}{e}\right)^2\right]^{1/2}$$
$$e = \frac{\sigma_z}{\sigma_y}, e \approx 0.5 \sim 0.7 \tag{5-18}$$

式中:r——微元至预测点的等效距离,m;
　　　e——常规扩散参数比,靠近路中心线 e 取小值,反之取大值;
　　　y——线源微元至预测点的横向距离,m。
其余符号意义同前。
②常规水平横风向扩散参数 σ_{yap} 按式(5-19)计算:

$$\sigma_{yap} = 4.651 \times (0.001y)\tan[c - d \times \ln(0.001y)] \tag{5-19}$$

式中符号意义同前。
③初始水平和垂直扩散参数同前。
(6)气态排放物扩散积分上、下限取值
①下限 A 点为从监测点 R_0 做风速矢量垂线,与线源中心线的交点。
②上限 B 点根据预测精度要求和所需的线源长度确定,按表5-12 取值。

线源长度取值　　　　　　　　　　表5-12

公路线形	直 线			曲 线
风速矢量与线源夹角	$\theta>45°$	22.5°≤θ≤45°	θ≤22.5°	R_0 点在曲线内侧
预测线源长度(m)	800	1500	2000	2000

③线源微元 dl 取值为 0.2~2m,也可对线源微元段进行"4,8,16,…,$4×2^n$"划分,当 n 和 $n+1$ 两次取值计算结果相差不超过2%时,即为达到要求。

(7) 预测结果表格标准格式

预测结果格式见表5-13和表5-14。

拟建公路大气污染物浓度预测结果汇总表（单位：mg/m³） 表5-13

路段名称	风向与公路夹角	与路肩距离(m) 交通状况	10	20	30	40	60	80	100	150	200
		高峰									
		日均									
		高峰									
		日均									
		高峰									
		日均									
		高峰									
		日均									

主要敏感点环境质量一览表 表5-14

桩 号	敏感点名称	与拟建公路路肩距离(m)	评价年限	执行标准	任一次浓度达标距离(m)

（四）扩散模式的适用条件

扩散模式有以下适用条件：
(1) 源强连续均匀。
(2) 风向和风速均匀稳定。
(3) 平原微丘地区。

（五）运营期影响评价

对运营期汽车尾气中的污染物，可采用模式预测或类比分析方法估算其扩散浓度，三级评价可只作类比分析评述。

根据公路沿线设施的锅炉所采用的燃料种类，简要分析其烟尘排放情况，并提出排放控制要求。

类比分析法基本方法如下：

有符合下列条件的可类比项目时，宜采用类比分析法评述环境空气质量影响。
(1) 与预测路段交通量和平均车速相近。
(2) 与预测路段地形和气象条件相近。

(3)类比原型监测点和路中心线的垂直距离相近于路线预测点和路中心线的垂直距离。

类比预测见式(5-20):

$$C_{PR} = C_{mR} \frac{Q_P U_m \sin\theta_m}{Q_m U_P \sin\theta_P}$$

$$C_P = C_{PR} + C_{P0}$$

$$C_{mR} = C_m + C_{m0} \tag{5-20}$$

式中:C_P、C_{P0}——评价年限预测点的污染物浓度和背景浓度,mg/m³;

C_m、C_{m0}——类比原型监测点的污染物浓度和背景浓度,mg/m³;

C_{PR}、C_{mR}——评价年限预测点和原型监测点由车辆产生的污染物浓度,mg/m³;

Q_P、Q_m——评价年限预测点和原型监测点的源强,mg/(s·m);

U_P、U_m——评价年限预测点和原型监测点处的风速,m/s;

θ_P、θ_m——评价年限预测点和原型监测点风速矢量与公路中心线的夹角(简称风向角),°。

五、砂石路面车辆运行扬尘模式

砂石路面属于砾石未铺砌路面,较水泥或沥青等铺砌路面容易起尘。目前国内外关于道路扬尘源强尚无成熟的计算模式,我国"环评导则"中也无推荐模式可循。本书推荐采用中国环境科学出版社出版的《逸散性工业粉尘控制技术》中推荐的美国环保局公布的未铺砌路面的逸散粉尘源强计算公式,并结合不同地区公路实际情况估算砂石路面粉尘排放源强。采用的基本公式如式(5-21):

$$Q = \frac{A}{3600} \times (0.454P) \times (0.81S) \times \left(\frac{v}{18.6}\right) \times \left(\frac{365-W}{365}\right) \times \left(\frac{T}{4}\right) \times \phi \tag{5-21}$$

式中:Q——单车源强,mg/(s·m);

A——小时交通量,辆/h;

P——保持悬浮状态的逸散粉尘所占总尘量的百分比,根据实际监测,砾石路基可取62%;

S——路基含粉砂的百分数,一般为5%~15%;

v——车辆平均速度,km/h;

W——日降雨0.25mm 或以上的天数;

T——平均每辆车的轮胎数,一般铺砂石路面地区,公路运行以货运车辆为主,计算时T取10;

ϕ——大轮胎车辆调整系数。

根据上述公式即可估算公路项目运营后的道路扬尘源强Q[mg/(s·m)]。参照"公路环评规范"及相关粉尘扩散模式,并结合项目区域污染气象条件,即可进行粉尘扩散浓度计算。

第四节　声环境影响评价

一、概述

（一）一般规定

声环境影响评价包括施工期噪声影响评述和运营期交通噪声影响评价。运营期评价划分为路段交通噪声评价和敏感点（路段）噪声评价。敏感点（路段）噪声评价应根据噪声敏感目标的位置、功能、规模及路段交通量确定评价工作等级；路段交通噪声评价只进行一般性的预测分析。

（二）敏感点（路段）噪声评价等级划分原则

（1）三级评价（满足如下任一条件时）
①预测交通量：路段近期预测日交通量不超过5 000辆标准小客车。
②噪声敏感目标规模：少于200名学生的学校教室，少于20张床位的医院病房、疗养院等，少于50名常驻居民的居民点。
③噪声敏感目标距路中心线距离大于150m。
④路侧区域没有建设规划。

（2）二级评价（满足如下任一条件时）
①噪声敏感目标规模：有200名以上学生的学校，有20张床位以上的医院病房、疗养院，有对噪声有限制要求的保护区等噪声敏感目标，且其距路中心线距离在100～150m范围内。
②噪声敏感目标规模：有连续分布的50名以上常驻居民的居民点，且其距路中心线距离在60～100m范围内。
③预测交通量及功能区划：通过县级以上城市已规划区，且运营近期预测日交通量超过5 000辆但小于10 000辆标准小客车。

（3）一级评价（满足如下任一条件时）
①噪声敏感目标规模：有200名以上学生的学校，有20张床位以上的医院病房、疗养院，有对噪声有限制要求的保护区等噪声敏感目标，且其距路中心线距离在100m范围内。
②噪声敏感目标规模：有连续分布的50名以上常驻居民的居民点，且其距路中心线距离在60m范围内。
③预测交通量及功能区划：通过地区级以上城市已规划区，且运营近期预测日交通量超过10 000辆标准小客车。

敏感点（路段）如同时符合不同评价等级的条件，按较高评价等级执行。

（三）敏感点（路段）噪声评价工作基本要求

（1）三级评价
①着重调查现有噪声源种类和数量，可全部利用当地已有的环境噪声监测资料。

②可不进行噪声预测,噪声影响分析以现有或类比资料为主,对噪声超标范围、超标值及受影响人口分布进行分析。

③对超标的噪声敏感目标提出噪声防治措施。

(2)二级评价

①应选择代表性噪声敏感目标进行监测,并用于同类噪声敏感目标的环境现状评价。

②应进行噪声预测,并绘制出其平面等声级图。

③应给出公路运营近、中期的噪声超标范围、超标值及受影响人口分布。

④对超标的噪声敏感目标应提出噪声防治措施,给出降噪效果分析。

(3)一级评价

①宜对噪声敏感目标逐点进行监测,并用于同类噪声敏感目标的环境现状评价。

②应进行噪声预测,并绘制出其平面等声级图;对于高层建筑,还应绘制出立面等声级图。

③应给出公路运营近、中期的噪声超标范围、超标值及受影响人口分布。

④对超标的噪声敏感目标应提出噪声防治措施,并进行技术经济论证,给出最终降噪效果分析。

(四)评价范围

路中心线两侧各200m范围。

二、声环境现状评价

(一)现状调查内容

(1)评价范围内现有噪声源的种类、数量、与路线位置关系及相应的噪声级。

(2)评价范围内的环境噪声级、噪声超标情况。

(3)评价范围内的噪声敏感点、保护目标、人口分布等。

(4)评价范围内的声环境功能区划。

(5)现有交通噪声分布情况。

(二)现状监测

(1)环境噪声监测布点

三级评价的噪声敏感点(路段)可不进行现状监测,必要时可监测1~2处代表性噪声敏感目标。

二级评价的噪声敏感点(路段)应在路段范围内选择代表性噪声敏感目标进行监测,每处噪声敏感目标宜布设1~2个点位。

一级评价的噪声敏感点(路段)宜对每个噪声敏感目标逐点布设监测,每处噪声敏感目标宜布设1~3个点位。

(2)交通噪声监测布点

对新建项目,可选择在对新建公路评价范围内环境噪声有影响的既有公路布设1~2个交通噪声监测断面。

对改扩建项目,应布设必要的交通噪声监测断面,并进行相关参数的记录。

(3)测量方法

按《声学环境噪声测量方法》(GB/T 3222—94)进行,并绘制现状监测布点示意图。

(4)测量数据与评价值

①环境噪声测量数据为等效连续A声级以及累积百分声级L_{10}、L_{50}、L_{90},评价值为L_D和L_N。

②交通噪声测量数据为等效连续A声级以及累积百分声级L_{10}、L_{50}、L_{90},评价值为L_{Aeq}。

(三)现状评价

根据监测获得的环境噪声值与相应的环境标准进行评价,分析达标情况,并说明超标的原因。

三、施工期声环境影响评述

施工期声环境影响评述应针对不同工程作业时的机械噪声及工程车辆交通噪声进行评述,提出综合防治措施。

(1)评述范围为施工场边界100m范围。

(2)评述对象为噪声敏感目标。

(3)评述标准:《建筑施工场界环境噪声排放标准》(GB 12523—2011)。

(4)影响评述可参照表5-15和表5-16进行。

公路工程机械噪声测试值　　　　表5-15

序号	机 械 类 型	型号	测点距施工机械距离(m)	最大声级L_{max}(dB)
1	轮式装载机(1)			
2	轮式装载机(2)			
3	平地机			
4	振动式压路机			
5	双轮双振压路机			
6	三轮压路机			
7	轮胎压路机			
8	推土机			
9	轮胎式液压挖掘机			
10	摊铺机(英国)			
11	摊铺机(德国)			
12	发电机组(2台)			
13	冲击式钻井机			
14	锥形反转出料混凝土搅拌机			

沥青混凝土拌和站噪声测试值　　　　表5-16

序号	搅拌机型号	测点距施工机械距离(m)	最大声级L_{max}(dB)
1			
2			
3			
4			

四、运营期声环境影响评价

(一)环境噪声级计算

环境噪声级计算见式(5-22):

$$L_{Aeq环} = 10\lg(10^{0.1L_{Aeq交}} + 10^{0.1L_{Aeq背}}) \tag{5-22}$$

式中:$L_{Aeq环}$——预测点的环境噪声值,dB;

$L_{Aeq交}$——预测点的公路交通噪声值,dB;

$L_{Aeq背}$——预测点的背景噪声值,dB。

(二)公路交通噪声级计算

交通噪声级计算见式(5-23)和式(5-24):

$$L_{Aeqi} = L_{0i} + 10\lg\frac{N_i}{TV_i} + \Delta L_{距离} + \Delta L_{地面} + \Delta L_{障碍物} - 16 \tag{5-23}$$

$$L_{Aeq交} = 10\lg(10^{0.1L_{Aeq大}} + 10^{0.1L_{Aeq中}} + 10^{0.1L_{Aeq小}}) + \Delta L_1 \tag{5-24}$$

式中:L_{Aeqi}——i车型车辆的小时等效声级,通常分为大、中、小3种车型,dB;

$L_{Aeq交}$——公路交通噪声小时等效声级,dB;

L_{0i}——i车型车辆在参照点(7.5m处)的平均辐射噪声级,dB;

N_i——i车型车辆的小时车流量,辆/h;

T——计算等效声级的时间,取$T = 1h$;

V_i——i车型车辆的平均行驶速度,km/h;

$\Delta L_{距离}$——距噪声等效行车线距离为r的预测点处的距离衰减量,dB;

$\Delta L_{地面}$——地面吸收引起的交通噪声衰减量,dB;

$\Delta L_{障碍物}$——噪声传播途中遇障碍物引起的障碍物衰减量,dB;

ΔL_1——公路弯曲或有限长路段引起的交通噪声修正量,dB。

(1)单车行驶辐射噪声级L_{0i}的计算

车辆在参考点(7.5m处)的平均辐射噪声级L_{0i}按式(5-25)计算:

小型车　　　　　$L_{0S} = 12.6 + 34.73\lg V_S + \Delta L_{路面}$

中型车　　　　　$L_{0M} = 8.7 + 40.48\lg V_M + \Delta L_{纵坡}$

大型车　　　　　$L_{0L} = 22.0 + 36.32\lg V_L + \Delta L_{纵坡}$ (5-25)

式中:V_S、V_M、V_L——分别代表小、中、大型车的平均行驶速度,km/h。

其中,车型分类标准见表5-17。

车型分类标准　　　　　　　　　　　　　　　　　　　表5-17

车　型	汽车总质量	车　型	汽车总质量
小型车(S)	3.5t以下	大型车(L)	12t以上
中型车(M)	3.5~12t		

注:小型车一般包括小货车、轿车、7座(含7座)以下旅行车等;中型车一般包括中货车、中客车(7~40座)、农用三轮车、四轮车等;大型车一般包括集装箱车、拖挂车、工程车、大客车(40座以上)、大货车等。大型车和小型车以外的车辆,可按相近归类。

公路路面引起的交通噪声源强修正量 $\Delta L_{路面}$ 按表 5-18 取值。

常规路面噪声级修正量　　　　　　表 5-18

路面	$\Delta L_{路面}$(dB)	路面	$\Delta L_{路面}$(dB)
沥青混凝土路面	0	水泥混凝土路面	+1~2

注：本表仅对小型车修正，中型车和大型车不修正。

公路纵坡引起的交通噪声源强修正量按表 5-19 取值。

路面纵坡噪声级修正量　　　　　　表 5-19

纵坡(%)	噪声级修正量(dB)	纵坡(%)	噪声级修正量(dB)
≤3	0	6~7	+3
4~5	+1	>7	+5

注：本表仅对中型车和大型车修正，小型车不修正。

（2）距离衰减量 $\Delta L_{距离}$ 的计算

当行车道上的小时交通量大于 300 辆/h 时：

$$\Delta L_{距离} = 10\lg \frac{r_0}{r}$$

当行车道上的小时交通量小于 300 辆/h 时：

$$\Delta L_{距离} = 15\lg \frac{r_0}{r}$$

式中：r_0——等效行车道中心线至参考点的距离，$r_0 = 7.5$ m；

r——等效行车道中心线至接受点的距离[式(5-26)]，m。

$$r = \sqrt{r_1 \times r_2} \tag{5-26}$$

式中：r_1——接受（预测）点至近车道行驶中线的距离，m；

r_2——接受（预测）点至远车道行驶中线的距离，m。

（3）地面吸收衰减量 $\Delta L_{地面}$ 的计算

地面吸收衰减量计算见式(5-27)：

$$\Delta L_{地面} = -A_{gr} \tag{5-27}$$

当声波越过疏松地面或大部分为疏松地面的混合地面传播时，在接受点仅计算 A 声级的前提下，A_{gr} 可用式(5-28)计算：

$$A_{gr} = 4.8 - \frac{2h_m}{d}\left(17 + \frac{300}{d}\right) \geqslant 0 \text{dB} \tag{5-28}$$

式中：A_{gr}——地面效应引起的衰减值，dB；

d——声源到接受点的距离，m；

h_m——传播路径的平均离地高度，m，可按图 5-4 进行计算。

若 A_{gr} 计算出负值，A_{gr} 可用 0 代替。

（4）障碍物衰减量 $\Delta L_{障碍物}$ 的计算

障碍物衰减量计算见式(5-29)：

$$\Delta L_{障碍物} = \Delta L_{树林} + \Delta L_{农村房屋} + \Delta L_{声影区} \tag{5-29}$$

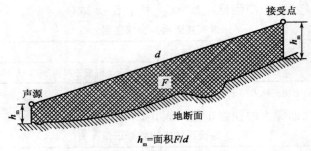

图 5-4　估计平均高度 h_m 的方法

①$\Delta L_{树林}$ 为林带引起的障碍物衰减量。

通常林带的平均衰减量用式(5-30)估算：

$$\Delta L_{树林} = kb \tag{5-30}$$

式中：k——林带的平均衰减系数，取 $k = -0.1 \text{dB/m}$；

　　　b——噪声通过林带的宽度，m。

林带引起的障碍物衰减量随地区的差异而不同，最大不超过10dB。例如北方地区林木密度小，衰减量应适当降低。

②$\Delta L_{农村房屋}$ 为农村建筑物的障碍物衰减量。

一般农村民房比较分散，它们对噪声的附加衰减量估算按表5-20取值。

建筑物噪声衰减量　　　　　　　　　　　　表5-20

房屋状况	衰减量	备注
第一排房屋占地面积40%~60%	-3dB	房屋占地面积按图5-5计算
第一排房屋占地面积70%~90%	-5dB	
每增加一排房屋	-1.5dB，最大绝对衰减量≤10dB	

注：本表仅适用于平路堤路侧的建筑物。

在噪声预测时，接受(预测)点设在第一排房屋的窗前，后方建筑的环境噪声级按表5-19及图5-5进行估算。

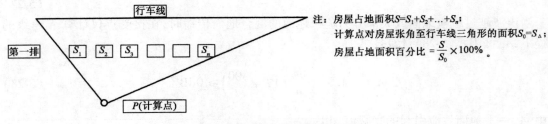

图 5-5　第一排房屋占地面积示意图

(5)公路弯曲或有限长路段噪声修正量 ΔL_1 的计算

见式(5-31)：

$$\Delta L_1 = 10\lg\left(\frac{\theta}{180°}\right) \tag{5-31}$$

式中：θ——接受(预测)点向公路两端视线间的夹角，°，如图5-6所示。

图 5-6 道路线形及视线夹角

（三）环境噪声影响评价

根据环境噪声执行标准对预测分析结果进行噪声评价,分析超标情况。改扩建项目,应对噪声影响变化的情况进行分析和评价。

第六章
道路交通环境影响经济损益分析

第一节 环境经济学相关知识

环境影响的经济损益分析是估算某一项目、规划或政策所引起的环境影响的经济价值,并将环境影响价值纳入项目、规划、政策的经济分析(效益费用分析)中去,以判断项目、规划或政策可行性的过程。其中,环境影响为反面效应时估算项目的环境成本,为正面效应时估算项目的环境效益。

一、环境影响经济评价的必要性

(一)法律依据

《中华人民共和国环境影响评价法》第三章第十七条明确规定,要对建设项目的环境影响进行经济损益分析。

(二)政策工具

世界银行、亚洲开发银行等国际金融组织以及较早开展环境影响评价的国家,均要求在环境影响评价中进行环境影响的经济评价。世界银行明确要求环境评价中"尽可能以货币化价值量化环境成本和环境效益,并将环境影响价值纳入项目的经济分析中去"。亚洲开发银行于 1996 年颁布了《环境影响的经济评价工作手册》,指导环境影响经济评价。随着我国逐步推行绿色 GDP,将环境损益计入国民经济计量体系中,也标志着我国新的发展战略的贯彻实施。

(三)建设项目环境影响经济损益分析

建设项目环境影响经济评价包括建设项目环境影响经济评价和环保措施的经济损益评价两部分。环保措施的经济论证,要估算环保措施的投资费用、运行费用、经济效益,以用于多种环保措施方案的比选,从而选择费用较低的环境保护措施。环境保护措施的经济论证不能替代建设项目的环境影响经济损益分析。

环境影响的经济评价具有重要作用,同时具有重要意义。首先,环境影响经济评价承认资源的价值,符合国家经济核算的发展需求,同时使项目环境经济外部性得到显化,较好地反映出环境的经济价值,可促进资源环境的合理配置,实现资源的可持续利用。其次,在统一货币基础上进行项目的国民经济分析,有利于不同项目、不同方案的经济效益比较,有助于实现经济资源、社会资源、生态环境资源的合理配置,实现经济、社会、生态环境的协调发展,促进可持续社会的建设。最后,环境影响的经济评价符合国家绿色 GDP 的发展要求,也便于公众对环境影响评价的参与,便于对不同项目、方案的比选,可促进环境影响评价的全面发展。

二、环境影响经济评价的相关知识

(一)基本原理

自然环境、资源具有稀缺性和价值性,环境具有为人类提供生命保障系统、提供自然资源、接受废弃物和供给公共消费品的功能,而上述功能具有竞争性。在可持续发展模式中,环境制度创新已经超越要素改善、技术进步等一般因素而上升为根本性问题,环境影响评价中需要将项目影响的成本、效益与项目的建设成本、收益等进行对比,在统一货币基础上进行核算,分析项目的财务、国民经济的合理性和可行性。

环境经济学主要研究如何运用经济科学和环境科学的原理和方法,分析环境—经济系统的内部关系,以解决经济发展和环境保护的矛盾,选择经济合理的发展方式。目前,研究环境经济价值的主要理论包括劳动价值论、效用价值论和存在价值论等。其中,劳动价值论认为非商品物若被占有者用以换取货币,就会取得商品形式,但是直接解释环境的经济价值存在一定难度。效用价值理论认为效用是价值的源泉,物品效用和稀缺性相结合形成价值,同时商品价值取决于边际效用,由于环境资源具有稀缺性和有效性,使得资源和环境具有价值。存在价值论认为具有某种目的性、方向性和需求性的非人类事物的价值主体均具有一定的价值。

国内外将环境价值分为使用价值(有用价值)和非使用价值(内在价值),其中使用价值又分为直接使用价值、间接使用价值和选择价值;非使用价值分为存在价值和遗产价值。直接使用价值根据环境资源对目前的生产或消费的直接贡献进行认定,但在经济上准确定量存在一定困难,例如,生活供水的价格比较容易确定,而生活供水的价值确定存在较大难度。间接使用价值包括从环境资源所提供的用来支持目前生产和消费活动的各种功能中,间接获得的效益,例如环境资源的生态功能所提供的效益。选择价值是消费者为了避免未来环境资源短缺风险而保护未被利用的环境资源的支付意愿。非使用价值是环境资源的内在属性,是人类对环境资源的存在而表现出来的支付意愿。遗产价值是人类为了保护某种环境资源而愿意做出的支付,以保障后代人享用其使用价值和非使用价值。图6-1阐明了上述各种类型的价值,从箭头的左边到右边,价值逐渐从有形到无形。

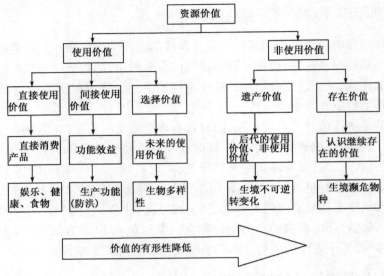

图6-1 环境资源的经济价值分类

(二)环境的外部性

环境污染及生态影响主要体现在项目实施区域之外,尤其是环境污染问题在很大程度上是一个外部性问题。环境影响经济评价将外部性问题进行显性化和内化,被纳入项目国民经济评价当中。外部性指一种消费或者生产活动对其他消费或生产活动产生不反映在市场价格中的直接效应,即某一个体的生产或消费决策无意识地影响到其他个体的效用或生产可能性,并且产生影响的一方又不对影响方进行补偿时,就产生了所谓的外部效果。

根据不同分类标准,外部性可划分为正外部性、负外部性,生产的外部性和消费的外部性,可转移的外部性、不可转移的外部性,货币外部性和技术外部性。在现实社会中,项目负外部性比正外部性更为普遍,即项目对外界产生的无回报的成本(社会成本大于个人成本)大于其对外界产生的无回报的收益(社会收益高于个人收益)。环境负外部性是环境问题产生的重要原因,也是某些项目为获取高额经济收入,而对外部环境造成严重污染和生态破坏的后果。在进行环境影响的经济评价时,需要准确地识别环境影响的外部性,才能正确评价经济的可行性和合理性。

(三)影子价格

环境经济学认为环境、资源是有价值的,使用环境资源需要付出一定代价,需要分析和确定环境资源价值,对项目的环境影响损失、收益等进行识别,估算项目国民经济可行性,促进资源合理配置。上述过程需要利用影子价格分析资源价值。

影子价格是反映社会资源供给与配置状况的价格,是在其他资源投入不变的情况下,一种资源每增加一单位投入所带来的额外收益。环境资源影子价格主要取决于资源的相对稀缺程度,随着人类社会的发展,资源稀缺程度的增加使得影子价格不断增加。影子价格依据国民经济的定价原则测定,反映项目投入物和产出物的真实经济价值,反映市场供求关系和资源稀缺程度,反映资源合理配置的要求。目前,矿产资源等不可再生资源的影子价格按照资源机会成本进行计算,而水、森林、空气等可再生资源的影子价格按照资源再生费用计算。

可持续发展意义上的资源配置是各生产要素结构和比例的最优化,其中环境生态资源的配置是核心问题,因此应将环境可持续列为市场经济的宏观经济目标之一。加强关于环境价值以及将环境价值核算纳入国民经济核算体系的研究,将为强化国家对环境生态资源进入市场的宏观调控能力提供有力支持,是实现环境价值、促使外部成本内部化的关键,可使市场真正起到对环境生态资源配置的基础性作用,并使环境生态资源真正体现其价值,从而保证在整体上获得最大经济效益。

(四)费用—效益分析

费用—效益分析又称为成本效益分析、效益费用分析、国民经济分析或国民经济评价等,是按照资源合理配置的原则,从整个社会角度出发,分析某一项目对整个国民经济贡献的大小,包括对就业、收入分配、环境、社会等方面的影响。国民经济分析使用基本的经济评价理论,采用费用—效益分析方法,寻求最小投入(费用)获取最大产出(效益)。国民经济评价采用"有无对比"方法识别项目的费用和效益,采用影子价格理论方法估算各项费用和效益,采用现金流量分析方法,使用报表分析,利用内部收益率、净现值等经济营利性指标进行定量的经济效益分析。主要工作包括识别国民经济的费用与效益、测算和选取影子价格、编制国民经济评价报表、计算国民经济评价指标并进行方案比选。

项目国民经济效益是项目对国民经济所做的贡献,包括项目直接效益和间接效益;项目国民经济费用是国民经济为项目付出的代价,包括直接费用和间接费用。项目直接效益是由项目产出物产生并在项目计算范围内的经济效益,一般表现为项目为社会生产提供的物质产品、科技文化、服务等产生的效益;项目直接费用是项目投入物产生并在项目计算范围内的经济费用,一般表现为投入项目的各种物料、人工、资金、技术以及自然资源消耗而带来的社会资源消耗。间接效益是项目引起而在直接效益中没有得到体现的效益,例如,风力发电、核电等电站建设在减少污染物排放、能源消耗等方面对国民经济的影响;间接费用是项目引起而在直接费用中没有得到反映的费用,例如,项目影响环境、生态而引起的费用。项目间接费用和间接效益的识别和计算难度较大,通常称为外部效果,也是环境外部性的充分体现。

第二节　环境影响经济损益分析的内容和方法

公路的建设对改善地区交通状况,调整区域产业结构,促进地区经济发展都有着积极作用,公路项目的运营将产生较大的经济效益和社会效益。同时,公路建设同样会造成一定程度的环境影响,如降低沿线居民的生活质量等。因此,公路的建设对环境经济的影响分为正面效益和负面效益。

所谓环境经济效益的"正",是指有利影响,即起积极作用和推动作用的影响,其影响将促进经济效益的增长和良性发展;"负",是指不利的影响,在一定程度上会减弱环境经济效益,甚至对其有破坏作用。

在目前的公路项目环境影响评价中,经济损益分析还没有统一的格式和方法,在此仅简单介绍正负面效益的分析要点。

一、环境经济正面效益分析

公路建设项目环境经济的正面效益主要体现在两个方面:一是社会经济效益的提高;二是在部分环境恶劣的地区(自然环境恶劣、植被覆盖率低;地质环境恶劣、多地质灾害),建设项目有利于恶劣环境的改善。

社会经济效益的提高,可以从多方面考虑:

(1)一般高速公路和部分高等级公路的建设多为国家贷款项目,公路运营后,建设方会根据相关的国家规定对运行车辆进行收费,在偿还国家贷款的同时,还产生了较为丰厚的经济收入,由此产生的税收,即为公路社会经济效益的直接体现。

(2)公路等级提升、里程缩短,使行车速度提高、运行时间缩短,直接导致营运成本的降低和效率的提升,可大幅度提升运输行业的经济效益。

(3)公路的建设一般工程量较大,虽然现在施工手段先进,机械化程度高,但仍需要大量的人力,因此,公路建设可为社会提供大量的短期工作岗位;公路建成运营期的运营管理、收费、道路养护、清扫等工作岗位,都是由公路建设项目产生的直接就业岗位,对于缓解社会就业压力可起到积极的作用。

(4)公路的建设在一定程度上将改善影响区域的交通状况,增加影响区域的内外交流和物资流通,对影响区域内的社会经济发展有较强的带动作用;公路沿线(高速公路连接线)将产生带状的以服务行业、物流业为主的经济增长区,对改变区域产业结构,增加区域经济增长点可起到较强的促进作用。

二、环境经济负面效益分析

公路建设项目由于其建设特点,对环境的影响范围大、程度深,对环境经济产生的负面效益也存在于区域环境的方方面面之中,在此仅作简单介绍。

(1)公路建设,尤其是新建项目的建设,将占用大量土地,在农副业经济较发达的地区,势必造成农田、果园、鱼塘和林地等面积的减少,因而影响农副业经济效益;虽然可以靠征地补偿来弥补农民的个人经济损失,但最终损失的是土地资源。

(2)公路建设占用非农业用地,同样会造成生态环境的破坏,主要体现为生物量的损失。公路建成后,线路占压的土地上原有的植被将被完全破坏,土壤层一定深度的生物生境将发生巨大变化,由此产生的生物量损失,同样是对环境经济的负面影响。

(3)公路建设将在一定程度上造成沿线区域环境质量的下降,最显著的体现为声环境的恶化,无论现状为何等级的声环境区划,公路建成后,线路两侧一定范围内的声环境等级都将变为四级,对于绝大多数地区,环境质量将有所下降;环境质量的下降,会引发地价下降、居民生活受直接影响等一系列社会问题,这些都会对环境经济产生不利影响。

当然,公路建设的环境经济负面效益可以通过实施环境保护措施予以减弱或消除,甚至是转变成正面效益,如道路两旁的绿化,除有美化环境、隔声降噪等作用外,还可以改善自然环境恶劣地区的环境状况,产生防治水土流失等的正面效益。因此,在公路建设项目的环境影响经济损益分析中,应首先定性地分析环境经济的正面效益和负面效益,再通过简单的定量分析,并将环保措施对环境经济的影响作用一并加以考虑后,对正面效益和负面效益进行比较,而后得出项目环境经济损益分析的结论。

第三节 环保投资

在目前的公路建设项目环境影响评价中,不同评价单位对环保投资的界定和估算方法存在一些差异,在此仅引用2006年5月实施的《公路建设项目环境影响评价规范》中的公路建设项目环境保护投资项目及投资估算指标,如表6-1、表6-2所示。

建设项目生态保护措施及投资估算一览表 表6-1

序号	生态保护措施	主要建设内容及技术经济指标	投资估算(万元)
1	生态保护		
	(1)		
	(2)		
	……		
2	生态恢复		
	(1)		
	(2)		
	……		
3	生态补偿		
	(1)		
	(2)		
	……		
4	生态建设		
	(1)		
	(2)		
	……		
5	其他措施		
	(1)		
	(2)		
	……		

公路建设项目环境保护投资项目及投资估算指标 表6-2

序号	投资项目	单位	投资(万元)	备注
一	环境污染治理投资			
1	声环境污染治理			
1.1	声屏障(含环境设施带)	延米		

续上表

序号	投资项目	单位	投资(万元)	备注
1.2	围墙	延米		
1.3	建筑物封闭外廊	延米		
1.4	隔声窗	m²		
1.5	低噪声路面	m²		
1.6	防噪林带	m²		
1.7	建筑物拆迁	m²		不含正常的工程拆迁
1.8	专设的限速、禁鸣标志等	处		
2	振动治理			
2.1	减振沟	m		
3	环境空气污染治理			
3.1	附属设施的锅炉烟尘、餐饮油烟处理设施	套		
3.2	收费亭、隧道强制通风设备	套		
3.3	防护林带	m²		注意与1.6的协调
3.4	施工期降尘措施			不含成套搅拌设备本身应具备的除尘装置
3.5	建筑物拆迁	m²		注意与1.7的协调,不得重复计算费用
4	地表水污染环境治理			
4.1	附属设施污水处理设施	处		
4.2	施工期生产和生活废水处理	处		含隧道施工废水处理
4.3	路面汇水集中处理设施	处		如独立的排水系统,排水系统中的泥沙沉淀池、隔油池、集水井(池)等
二	生态环境保护投资			
1	绿化美化工程	m²		除包括公路用地范围内的绿化费用外,还应包含为补偿因道路建设占用原有绿地而在道路用地范围以外建设的绿化工程等的费用。如:城郊接合部的绿化,取弃土场植被恢复与防护措施等
2	对湿地、草原、草场的保护工程(或置换工程)			含在牧区为转场特设的通道
3	公路经过渔业养殖水域所采取的防护措施			含给予渔政部门的渔业资源补偿费用,但不含给渔民的直接赔偿费用
4	公路经过自然保护区所采取的特殊工程措施			如特殊的防护隔栅、动物通道等
5	保护沿线土地资源措施			如耕地表土剥离及保护措施、堆料场等的复垦
6	取弃土(含石方)场所生态恢复和水保措施			根据项目预、工可研进行估算,要求初设落实
	……			

续上表

序号	投资项目	单位	投资(万元)	备注
三	社会经济环境保护投资			
1	通道和人行桥工程	处		为构成道路交通网而设置的互通立交、分离式立交、跨线桥等构造物除外
2	为保护人文景观、历史遗产所采取的措施			如文物勘察、挖掘和保护费用;特设的跨越或遮挡工程等
3	危险化学品运输事故的防范措施			如危险品检查站设置、事故应急车、敏感路段监控等
4	工程拆迁及安置费用			不计征地及青苗费用
5	为补偿因公路建设占用水源(特别是农村的饮用水源)的供水工程费用			
	……			
四	环境管理及其科技投资			
1	专设监测站的基建费、仪器设备费、装备费等			根据项目监测计划确定
2	项目环境保护专业人员及监理工程师等的技术培训费			根据项目培训计划确定
3	环境监测费用			根据项目环境监测计划确定
4	项目环境保护工作人员的薪酬及办公经费			根据项目环境管理计划确定
5	环境工程(设施)维护和运营费用			按有关费率确定
6	工程环境监理费用			按有关费率确定
	……			
五	环境保护税费项目			按一定费率或税率收取
1	水土保持补偿费			
2	造林费、林地补偿费			
3	耕地费、造地费			
4	矿产资源税			
5	文物勘察费、文物挖掘保护费			
6	渔业资源保护费			
	……			

第四节 环境成本计算

1993年,联合国统计署首次提出了环境成本的概念,是指为了防止环境污染而发生的各种费用和为了改善环境、恢复自然资源的数量或质量而发生的各种支出。本书所指的环境成本是为了防止由于道路建设产生环境污染而发生的各种费用和为了改善环境、恢复自然资源的数量或质量而发生的各种支出。

为了计算因道路建设而引起的环境成本,本书从交通影响角度出发,以公路建设、运营产生的环境问题为基础,结合《公路建设项目环境影响评价规范》(JTG B03—2006)给出的分类,对环境成本的构成进行分析,将其分成6个方面,分别为生态环境保护及恢复成本、环境污染治理成本、社会经济环境保护成本、环境管理及其科技费用、环境保护税费项目和环境破坏引起的潜在损失费用,并对每一个方面又进行了细化。

生态保护及恢复成本、环境污染治理成本这两部分是影响环境成本大小的主要因素,其他4类成本均可从项目文本中获取(如环境影响评价文本、工程可行性研究文本等)。目前,高速公路建设产生的环境成本还没有统一的计算方法,多集中在经济学、会计学领域,其计算方法并不完全适用于高速公路的环境成本计算。本书在前期项目研究的基础上,结合6.3节中的环境保护投资项目提出了环境成本的计算方法,具体计算见式(6-1)和式(6-2)。

根据公路建设产生的生态环境影响采取生态保护和恢复措施,对其产生的环境成本进行分类细化,得到生态保护及恢复成本的分类,如图6-2所示。

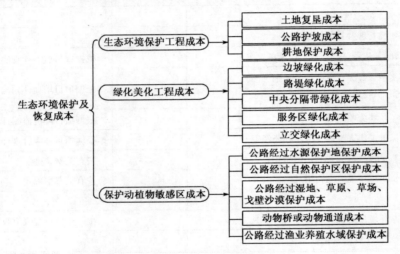

图6-2 生态环境保护及恢复成本构成

生态保护及恢复成本计算公式:

$$EC = E + L + S = \sum_{i=1}^{3} e_i t_{ei} + \sum_{j=1}^{5} l_j t_{lj} + \sum_{k=1}^{5} s_k t_{sk} \tag{6-1}$$

式中:EC——生态环境保护及恢复总成本,元;

E——生态环境保护工程费用,元;

L——绿化美化工程费用,元;

S——保护动植物敏感区工程费用,元;

e_i——($i=1,2,3$)土地复垦、公路护坡、需要保护措施的耕地总面积,m^2;

l_j——($j=1,2,3,4,5$)边坡绿化、路堤绿化、中央分隔带绿化、服务区绿化、立交绿化面积,m^2;

s_k——($k=1,2,3,4$)公路经过水源保护地的长度、公路经过自然保护区的长度、公路经过湿地(或草原、草场、戈壁沙漠)的长度、公路经过渔业养殖水域的长度,m;

s_k——($k=5$)动物桥或动物通道的数量,个;

t_{ei}、t_{lj}、t_{sk}——相应部分的单位费用,元。

根据公路建设产生的环境污染采取治理措施,对其产生的环境成本进行分类细化,得到环境污染治理成本的分类,如图 6-3 所示。

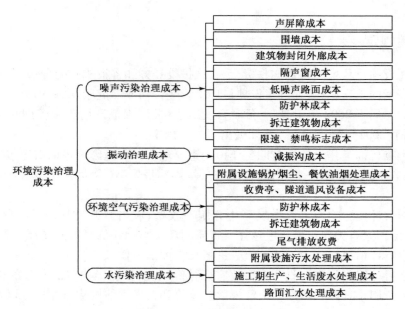

图 6-3 环境污染治理成本

环境污染治理成本计算公式:

$$EP = N + Z + A + W = \sum_{i=1}^{7} n_i t_{ni} + z t_z + \sum_{j=1}^{4} a_j t_{aj} + \sum_{m=1}^{4} a_m t_{am} + \sum_{k=1}^{3} w_k t_{wk} \quad (6-2)$$

式中: EP——环境污染治理总成本,元;
　　　　N——噪声污染治理成本,元;
　　　　Z——振动治理成本,元;
　　　　A——环境空气污染治理成本,元;
　　　　W——地表水污染治理成本,元;
　　　　n_i——($i=1,2,3$)声屏障、围墙、建筑物封闭外廊长度,延米;
　　　　n_i——($i=4,5,6,7$)隔声窗、低噪声路面、防护林带、拆迁建筑物面积,m²;
　　　　z——减振沟体积,m³;
　　　　a_j——($j=1,2$)附属设施锅炉烟尘、餐饮油烟处理设备和收费亭、隧道通风设备套数,套;
　　　　a_j——($j=3,4$)吸尘防护林和拆迁建筑物面积,m²,注意不要与 n_i 重复计算;
　　　　a_m——($m=1,2,3,4$)一氧化碳、氮氧化物、颗粒物和二氧化碳的尾气排放量;
　　　　w_k——($k=1,2,3$)附属设施污水处理设施、生产生活废水处置设施、路面汇水集中处理设施数,处;
t_{ni}、t_z、t_{aj}、t_{am}、t_{wk}——相应部分的单位费用,元。

第五节　建设项目环境影响咨询收费管理

一、有关规定

为规范建设项目环境影响咨询收费行为，维护委托方和咨询机构的合法权益，提高建设项目环境影响咨询的工作质量，促进建设项目环境影响咨询业的健康发展，国家发展计划委和原国家环境保护总局于 2002 年 1 月 31 日联合发出了《关于规范环境影响咨询收费有关问题的通知》（计价格[2002]125 号文）。通知做出了如下规定：

①环境影响咨询是建设项目前期工作中的重要环节。环境影响咨询内容包括编制环境影响报告书（含大纲）、环境影响报告表，以及对环境影响报告书（含大纲）、环境影响报告表进行技术评估。

②建设项目环境影响咨询收费属于中介服务收费，应当遵循公开、平等、自愿、有偿的原则，委托方根据国家有关规定可自主选择有资质的环境影响评价机构开展环境影响评价工作，相应的环境影响评估机构负责对评价报告进行技术评估工作。

③建设项目环境影响咨询收费实行政府指导价，从事环境影响咨询业务的机构应根据本通知规定收取费用。具体收费标准由环境影响评价和技术评估机构与委托方以本通知附件规定基准价为基础，在上下 20% 的幅度内协商确定。

④环境影响咨询收费以估算投资额为计费基数，根据建设项目不同的性质和内容，采取按估算投资额分档定额方式计费。不便于采取按估算投资额分档定额计费方式的，也可以采取按咨询服务工日计费。具体计费办法见表 6-3 至表 6-6。

⑤环境影响评价、技术评估机构从事建设项目环境影响评价、技术评估业务，必须符合国家及项目所在地的总体规划和功能区划，符合国家产业政策、环境标准和相关法律、法规规定。

⑥编制环境评价大纲应符合以下服务质量标准：确定评价范围和敏感保护目标，选定评价标准，阐述工程特征和环境保护特征，识别和筛选污染因子、评价因子，设置评价专题，确定评价重点，选定监测项目、点位（断面）、频次和时段，确定预测评价模式和参数等。

编制环境影响报告书应符合以下服务质量标准：阐述建设项目概况、周围环境现状，分析和预测建设项目对环境可能造成的影响，提出环境保护措施，并完成其经济、技术论证和经济损益分析，提出对建设项目实施环境监测的建议和环境影响评价结论等。

⑦评估建设项目环境影响评价大纲应符合以下服务质量标准：初步确认项目选址、选线的环境可行性是否正确，评价等级、评价范围、评价因子、评价方法和预测模式选用是否准确，敏感目标、监测布点、监测时间和频率选择是否合理，评价内容是否全面和评价重点是否突出等。

评估建设项目环境影响报告应符合以下服务质量标准：确认源强和物料平衡是否准确，工艺是否符合清洁生产要求，环境影响预测参数选择是否合理和预测结果是否正确，污染防治、生态保护措施是否完善可行，经济指标是否适当，总量控制指标是否符合国家和地方要求，选址、选线环境可行性结论是否明确，评价结论是否可信，是否符合国家有关环境影响评价、评估技术导则、规范等。

⑧环境影响评价、技术评估机构应当按照合同约定向委托方提供符合国家相关规定的咨

询服务;服务成果达不到合同约定的,应当负责完善,造成损失的,应根据损失程度将部分或全部服务费退还委托方。

⑨委托方应遵守本通知规定和项目合同约定,为接受委托的环境影响评价、评估机构提供履约必需的工作条件和资料。因委托方原因造成咨询业务量增加或延期的,环境影响评价、评估机构可与委托方协商加收费用。建设项目环境影响咨询服务费用计入建设项目前期工作费。

⑩委托方和环境影响咨询服务机构违反本通知规定的,由价格主管部门依据《中华人民共和国价格法》及有关法规予以处罚。

二、建设项目环境影响咨询收费标准

(一)收费标准

建设项目环境影响咨询收费标准见表6-3。

建设项目环境影响咨询收费标准(单位:万元)　　　表6-3

咨询服务项目 \ 估算投资额(亿元)	0.3以下	0.3~2	2~10	10~50	50~100	100以上
编制环境影响报告书(含大纲)	5~6	6~15	15~35	35~75	75~110	110
编制环境影响报告表	1~2	2~4	4~7	7以上		
评估环境影响报告书(含大纲)	0.8~1.5	1.5~3	3~7	7~9	9~13	13以上
评估环境影响报告表	0.5~0.8	0.8~1.5	1.5~2	2以上		

注:1. 本表中数字下限为不含,上限为包含。
2. 估算投资额为项目建议书或可行性研究报告中的估算投资额。
3. 咨询服务项目收费标准根据估算投资额在对应区间内用插入法计算。
4. 以本表收费标准为基础,按建设项目行业特点和所在区域的环境敏感程度,乘以调整系数,确定咨询服务收费基准价。
5. 评估环境影响报告书(含大纲)的费用不含专家参加审查会议的差旅费;环境影响评价大纲的技术评估费用占环境影响报告书评估费用的40%。
6. 本表所列编制环境影响报告表的收费标准为不设评价专题的基准价,每增加一个专题加收50%。
7. 本表中费用不包括遥感、遥测、风洞试验、污染气象观测、示踪试验、地探、物探、卫星图片解读、需要动用船、飞机等特殊监测等的费用。

(二)建设项目环境影响评价大纲、报告书编制收费调整系数

建设项目环境影响评价大纲、报告书编制收费调整系数见表6-4、表6-5。

环境影响评价大纲、报告书编制收费行业调整系数　　　表6-4

行　业	调整系数
化工、冶金、有色、黄金、煤炭、矿产、纺织、化纤、轻工、医药、区域	1.2
石化、石油天然气、水利、水电、旅游	1.1
林业、畜牧、渔业、农业、交通、铁道、民航、管线运输、建材、市政、烟草、兵器	1.0
邮电、广播电视、航空、机械、船舶、航天、电子、勘探、社会服务、火电	0.8
粮食、建筑、信息产业、仓储	0.6

环境影响评价大纲、报告书编制收费环境敏感程度调整系数　　　　表6-5

环境敏感程度	调 整 系 数	环境敏感程度	调 整 系 数
敏感	1.2	一般	0.8

（三）按咨询服务人员工日计算建设项目环境影响咨询收费标准

按咨询服务人员工日计算的建设项目环境影响咨询收费标准见表6-6。

按咨询服务人员工日计算的建设项目环境影响咨询收费标准（单位：元）　　表6-6

咨询人员职级	人工日收费标准	咨询人员职级	人工日收费标准
高级咨询专家	1 000~1 200	一般专业技术人员	600~800
高级专业技术人员	800~1 000		

第七章
道路交通环境影响评价实例

第一节 道路交通环境影响评价要点分析

一、公路建设类项目

公路建设类项目分析,应该注意工程的特点,分施工期和运营期进行分析和评价。表 7-1 列出了施工期和运营期分别需重点考察的内容。

施工期和运营期环评需重点考察的内容　　　　表 7-1

施 工 期	运 营 期
路基施工:开挖和填筑为主的施工活动	线路工程:指线路占地形成的条带形状区域
桥梁工程:开挖和填筑河道两岸	桥梁工程
隧道工程:改变底层局部构造	隧道工程
辅助工程:临时用地施工	辅助工程
取弃土(渣)场:自身土石方不能平衡,需另建取弃土(渣)场	取弃土(渣)场

对于环境现状的调查,需考虑以下几点:地形、地质、地貌;气象、气候;社会经济;动物、植

物;地质灾害;环境空气、环境噪声、水环境、生态环境等。需要注意的还有社会环境中包括的文物古迹、环境敏感目标分布、功能区划、景观环境等内容。

同时还需要进行生态环境影响评价、水环境影响评价、声环境影响评价、水土流失的影响评价、环境空气影响评价等。

环保措施评述需要考虑的内容包括:设计期、施工期考虑生态、水土保持、声环境、环境空气、地表水、文物保护、特殊保护区;运营期考虑声环境、生态、环境空气、水环境,基本农田保护方案,施工场、料场、取弃土场选址的环境合理性,环保投资。

另外,如涉及珍稀濒危动植物资源,还应有可靠的保护措施等。

二、城市建设类项目

城市道路(包括立交)建设类项目的环境影响评价首先要注意的就是征地拆迁、道路施工对居民生产生活的影响,包括可能造成的居民出行不便、交通噪声、施工扬尘等影响。其次,要注意施工对原有交通基础设施、通信设施、电力设施等的影响,避免因调查分析、现场踏勘不到位而对这些基础设施产生不利的影响和破坏。在进行评价时,要对沿线的环境保护目标,包括居住区、学校、政府机关等进行详细调查、分析和评价。

三、轨道交通类项目

此类项目的主要环境影响一般是生态影响和噪声污染,当涉及水源保护区时,水环境影响也是评价的主要内容之一。对于环境影响评价,应在研读可研材料和现场初步踏勘的基础上,进行环境影响识别,并要提出有针对性的环保措施。此类项目所涉及的区域较长,范围较广,可能经过农田、山地、河谷和丘陵等,所以在进行生态环境现状的调查与评价时,应当根据经过地点的不同,确定不同的调查内容、因子和采取不同的调查方法,选择不同的环境保护措施。

在项目的环境影响评价中应做好工程分析、环境影响识别与评价因子筛选、环境现状调查与评价、环境影响预测与评价以及提出环保对策措施等工作。铁路选线和主要场站的布局是对环境有重大影响的因素,在评价中往往需要单独论证。

如果路线经过的地区有自然保护区、风景名胜区和文物古迹等,应当作为重点的调查与评价的对象,因为工程可能穿越这些地区,施工可能给这些敏感保护对象造成不可逆转的影响。

对于工程可能涉及的子工程,比如隧道、大桥、深挖方路段、集中取土场等,应当重点考虑,这些工程可能给当地的空气环境、水环境等都带来一定的破坏。另外,土石方的挖(填)可能引起水土流失,因此,应当做好必要的防范措施。

第二节 某高速公路工程环境影响评价简例

一、项目概况

本高速公路工程项目地处某省西北部,路线走向由南到北,路线全长 197.61km。项目占用各类土地 1 512.85km^2,拆迁各类建筑物 14.3 万 m^3。全线共设置特大桥 11 座,全长 22km;大桥 141 座,全长 39km;中桥 89 座,全长 7.9km;小桥 124 座,全长 3.6km;涵洞 576 道。全线设置隧道 15 座,全长 14km。全线设置互通式立交 16 处。拟设管理中心 2 处,高管段 3 处,管理所 12 处,收费站 17 处,服务区 4 处。全线总投资 164.7 亿元,建设期为 4 年。

项目穿越国家级自然保护区和国家级风景名胜区各 1 处,占用部分农用土地,同时涉及部分居民拆迁问题。

二、环境影响预测时应考虑的内容

环境影响预测的内容分设计期、施工期和运营期三阶段进行考虑,见下表 7-2。

环境影响预测考虑内容一览表　　　　　　　表 7-2

设 计 期	施 工 期	运 营 期
①本工程经过国家级自然保护区和国家级风景名胜区等敏感目标	①工程施工会影响现有公路正常的交通环境,以及沿线居民正常的生产和生活	①交通量的增长、交通噪声将影响邻近公路的居民的正常工作、学习和休息环境
②占用农用土地的比例、用地类型和面积以及对农业生产的影响	②施工场地、混凝土拌合站、各种构件预制场及运输散体建材或废渣,会对水环境产生负面影响	②汽车尾气中所含的多种污染物,会对公路沿线的环境空气造成一定污染
③居民拆迁将影响到居民的正常生产和生活	③工程施工可能会影响原有水利排灌系统,其土方工程会导致一定量的水土流失	③若危险品运输车辆发生交通事故而导致有毒、有害危险品泄露,将会危害生态环境质量
④各类交通立交、高架桥、大桥和服务设施的设计直接涉及与周围景观的协调性	④灰土搅拌站以及材料运输、施工过程中产生的粉尘、沥青烟、噪声会影响周边环境、社区和学校的正常教学,以及居民生活和公共健康	④公路沿线服务设施排放的生活污水未经处理直接排入水体会破坏水质,从而危害水生生物和公众健康
	⑤土方工程还会破坏自然地貌、当地植被、动物栖息地,对自然保护区和风景名胜区造成一定影响	⑤由于局部工程防护稳定和植被恢复均需一定的时间,工程运营近期可能存在水土流失

三、施工期的环境保护措施

(1) 生态环境

①取土场、弃土场的选址应进一步优化。

②施工过程中,做好取土场、弃土场、临时工程的水土保持和植被恢复工作。

③应做好对自然保护区和风景名胜区自然生态环境的恢复工作,恢复植被覆盖率,对珍稀物种进行移植等。

(2) 水环境

①施工期的桥梁基础施工钻渣不得排入水体,经沉淀、晾晒后运至弃土场堆放。

②桥梁、隧道等不同施工环节产生的施工废水采取相应的处理措施后排放。

③对于施工人员产生的生活污水和生活垃圾采取相应的处理措施,安装污水处理设施,生活污水处理达标后回用或排放。

(3) 声环境

①合理安排施工机械作业时间或采取降噪措施,避免公路施工噪声影响沿线居民的正常生活、休息。

②采取铺筑低噪声路面、设置声屏障等降噪措施减少交通噪声对声环境敏感点的影响,并

在公路运营期进行定期监测,视监测结果采取适宜的降噪措施。

(4)环境空气

在施工便道、施工场地、散装材料堆放场所等处采取洒水、覆盖等降尘措施减轻扬尘污染。

四、环境影响评价报告的提纲

(1)社会环境影响评价。
(2)生态环境(自然保护区、风景名胜区)影响评价。
(3)水环境影响预测评价。
(4)声环境影响预测评价。
(5)环境空气影响预测评价。
(6)水土流失预测。

五、项目的主要环境风险及评价

项目的主要环境风险如下:

(1)施工过程中如果环境保护措施没有落实到位,很容易导致施工场地周围生态环境、水环境严重恶化。

(2)运营期危险品运输车辆的通行,可能造成交通事故、储罐老化破裂、桥梁坍塌等情况的发生,严重地影响周围的环境。

(3)隧道施工期爆破也可能产生环境风险。

环境风险评价的原理,是依据技术导则规定的评价原则进行风险计算。风险可接受分析,采用最大可信灾害事故风险值 R_{max} 与同行业可接受的风险水平 R_1 比较:如果 $R_{max} \leq R_1$,则认为项目在建设过程中的风险水平是可以接受的;如果 $R_{max} > R_1$,则需要对项目采取降低事故风险的措施,以达到可接受的水平,否则项目就不能被接受。

第三节 某公路工程声环境影响评价简例

一、项目概况

某公路为当地一条主要的省级道路,因当地经济社会发展需要,对该公路进行分段改造建设。本工程涉及的线路总长度 80.54km,公路等级为二级,路基宽 27m,为沥青混凝土路面。设计行车速度为 80km/h,设计交通量为 7 009 辆/d,预计投资 13 498 万元。工程永久占地 972 亩(1 亩 = 666.6m^2),临时占地 266 亩。预计建设 26 个月。

二、评价等级、范围与标准

(1)评价等级:依照《环境影响评价技术导则》,确定本项目声环境评价等级为三级。
(2)评价范围:公路中心线两侧各 200m 以内区域及其敏感点(学校、医院等)。
(3)评价因子:等效 A 声级。
(4)评价标准:施工期执行《建筑施工场界噪声限值》(GB 12523—90)(注:现已被 GB

12523—2011 替代)中的规定,如表 7-3 所示。运营期对于公路两侧评价范围内的居民集中建筑群,临路第一排建筑物前参考《城市区域环境噪声标准》(GB 3096—93)(注:现已被 GB 3096—2008 替代)中的 4 类标准执行;对学校教室室外昼间按 60dB(A)要求;对医院病房室外昼间按 60dB(A)、夜间按 50dB(A)要求。

建筑施工场界噪声限值[单位:dB(A)]　　　　　表 7-3

施工阶段	主要噪声源	昼间	夜间
土石方	推土机、挖掘机、装载机	75	55
打桩	各种打桩机	85	禁止施工
结构	混凝土搅拌机、振捣棒、电锯等	70	55
其他	吊车、升降机	65	55

(5)评价时段:建设期,从施工开始至工程竣工为止(约 3.5 年);运营期,工程完工投入运营。

(6)保护目标:评价范围内的 5 所学校、2 个乡镇医院和 36 个居民点。

三、噪声源源强

(一)施工期

施工期的噪声主要来源于施工机械,如推土机、压路机、装载机、挖掘机、搅拌机等。这些机械运行时,在距离声源 5m 处的噪声可高达 90~98dB(A)。这些突发性非稳态噪声源将对施工人员和周围居民产生不利影响。

(二)运营期

在公路上行驶的机动车辆为非稳态噪声源。公路投入运营后,车辆行驶时其发动机、冷却系统以及传动系统等部件均会产生噪声。另外,行驶中引起的气流湍动、排气、轮胎与路面的摩擦等也会产生噪声。由于公路路面平整度等原因,还会使行驶中的汽车产生整车噪声。

四、声环境现状监测与评价

(一)监测布点

采用"以点代线"的原则,选择具有代表性的声环境敏感点如学校、村落、集镇等,进行实地调查与监测,同时观测现有公路的交通状况,旷野区段不做监测。沿线共设立 9 个现状监测点,各点分布情况略,测点均位于敏感点前排敏感建筑物前 1m 处。

(二)监测时段与方法

监测方法与频率按照《城市区域环境噪声测量方法》(GB/T 14623—93)中的有关规定进

行。每个监测点测2天,分昼间和夜间两个时段,同时记录敏感点情况(人数规模、建筑物朝向等)、主要噪声源、周围环境特征、车流量等。

（三）声环境现状评价

临近道路的两个敏感点(均为学校)昼间噪声超标严重,其余监测点处声环境现状较好。根据沿线现场踏勘分析,改造前的公路等级低、路况差,大型车比例高,且混合交通状况严重,一部分路段街道化严重。

五、声环境影响预测与评价

（一）施工期

预测模式（略）。

公路施工期施工机械噪声的影响预测结果见表7-4。

各种施工机械在不同距离处的噪声预测值　　　　表7-4

机械名称	噪声预测值[dB(A)]									
	5m	10m	20m	40m	50m	60m	80m	100m	150m	300m
装载机	90	84	78	72	70	69	66	64	62	54
平地机	90	84	78	72	70	69	66	64	62	54
压路机	86	80	74	68	66	65	62	60	57	49
挖掘机	84	78	72	66	64	63	60	58	55	47
摊铺机	85	79	73	67	65	64	61	59	56	48
搅拌机	87	81	75	69	67	66	63	61	58	50
推土机	86	80	74	68	66	65	62	60	57	49

预测结果表明,①施工机械(装载机、平地机)噪声昼间在距施工场地40m处和夜间距施工场地300m处符合标准限值,其他施工机械噪声昼间在距施工场地20m处和夜间距施工场地200m处符合标准限值;②施工机械噪声夜间影响严重,施工场地300m范围内有居民区的地方应禁止夜间使用高噪声的施工机械,尽可能避免夜间施工。固定地点施工机械操作场地,应设置在300m范围内无学校和较大居民区的地方。在无法避开的情况下,应采取临时降噪措施,如安置临时声屏障。

（二）运营期

(1)预测模式

预测模式采用《公路建设项目环境影响评价规范》(JTG B03—2006)中推荐的有关模式,模式中相关参数的确定亦采用该规范推荐的方法计算。此处略。

(2)预测结果与评价

本工程建成运营后,车辆行驶所产生的交通噪声影响预测结果见表7-5。

运营期交通噪声预测值 表7-5

路基宽、车速	运营期	时段	距路中心线不同距离处的交通噪声预测值[dB(A)]								
			20m	30m	40m	50m	60m	80m	100m	150m	200m
12m、80km/h	2004年	昼间	52.9	45.5	43.7	42.2	41.1	39.2	37.7	34.9	32.9
		夜间	51.8	47.3	47.3	44.1	42.9	41.0	39.5	36.7	34.7
	2016年	昼间	63.3	55.9	55.9	52.6	51.5	49.6	48.0	45.3	43.3
		夜间	56.9	47.7	49.5	46.3	45.1	43.2	41.7	38.9	36.9
	2023年	昼间	64.9	55.6	57.4	54.2	53.1	51.1	49.6	46.9	44.9
		夜间	61.6	52.4	54.2	50.9	49.8	47.6	46.4	43.6	41.3

根据表7-5预测结果，各路段交通噪声按照《城市区域环境噪声标准》中的4类噪声标准[昼间70dB(A)、夜间55dB(A)]推算出达标距离（表7-6）。全路段昼间达标距离（距路中心线）大于20m；2004年全路段夜间达标距离大于20m，2016年和2023年达标距离大于30m。

运营期交通噪声4类标准达标距离（距路中心）（单位：m） 表7-6

2004年达标距离		2016年达标距离		2023年达标距离	
昼间	夜间	昼间	夜间	昼间	夜间
>20	>20	>20	>30	>30	>30

（三）敏感点声环境影响预测与评价

（1）预测方法

交通噪声对敏感点的贡献值与背景值的叠加为该点处的环境噪声预测值，公式略。

（2）预测结果与评价

不同水平年的昼、夜间推荐线路交通噪声预测结果见表7-7。学校昼间按1类标准评价，其余敏感点按4类标准评价。

交通噪声预测叠加结果一览表[单位：dB(A)] 表7-7

敏感点编号	敏感点性质	距路中心线距离(m)	噪声标准		噪声叠加值			噪声超标值		
					2004年	2016年	2023年	2004年	2016年	2023年
1	居民点	右100~200	昼间	70	54.6	55.0	55.2			
			夜间	55	38.2	40.4	44.2			
2	医院	左40	昼间	60	58.6	58.7	59.7			
			夜间	50	44.7	46.3	50.6			0.6
3	学校	左50	昼间	60	56.6	57.9	58.4			
			夜间		41.3	46.5	50.7			
4	学校	右80	昼间	60	59	59.3	59.4			
			夜间		42.2	43.5	46.4			
5	医院	右50	昼间	60	56.8	59.3	61.6			1.6
			夜间	50	47.5	52.8	54.2		2.8	4.2

续上表

敏感点编号	敏感点性质	距路中心线距离(m)	噪声标准		噪声叠加值			噪声超标值		
					2004年	2016年	2023年	2004年	2016年	2023年
6	学校	右60	昼间	60	65.8	65.9	66.0	5.8	5.9	6.0
			夜间		43.4	45.0	49.2			
7	学校	右70	昼间	60	55.7	56.4	55.6			
			夜间		41.2	43.4	47.2			
8	学校	右100	昼间	60	65.4	65.4	65.6	5.4	5.4	5.6
			夜间		44.5	45.1	46.7			
9	居民点	左50~200	昼间	70	64.2	64.3	64.5			
			夜间	55	41.7	43.0	49.3			

从表7-7可知,因运营初期的车流量小,夜间噪声预测值均不超标,交通噪声对敏感点的影响不大;运营中期,5号的夜间噪声预测值超标;运营远期,2号和5号的夜间噪声预测值超标;6号和8号的昼间噪声预测值始终超标。

六、噪声污染防治措施

(一)施工期

(1)当施工场地位于敏感点附近时,禁止强噪声的机械夜间作业。如确因工艺需要必须连续施工时,必须先与受影响的居民取得联系,并进行适当的经济补偿。为减少施工机械噪声的影响,可设置移动声屏障来消减噪声。

(2)尽量采用低噪声的施工机械。对强噪声施工机械采取临时性的噪声隔挡措施。料场、拌和场等设置于距离声环境敏感点300m外。

(3)按劳动卫生标准,控制施工人员的工作时间,对机械操作者及有关人员采取个人防护措施,如戴耳塞、头盔等。

(4)施工便道远离学校、医院、居民集中区,不得穿越声环境敏感点。当施工便道50m内有成片居民时,禁止夜间在该便道上运输施工材料。在现有道路上运输建筑材料的车辆,承包商要做好车辆的维修保养工作,使车辆的噪声级维持在最低水平。

(二)运营期

(1)建议规划公路两侧区域时,在距公路中心线50m内不要修建学校、医院等对声环境要求高的建筑,20m以内不建居民住宅区。

(2)控制行车噪声。加强公安交通、公路运输管理,禁止噪声超标车辆上路行驶,并在集中居民区路段设禁止鸣笛标志。

(3)进行施工环境监理。为确保施工过程中环保措施的落实,建议对本工程建设实施全程环境监理。

(4)敏感点声环境保护。根据上述预测结果,对沿线敏感点采取相应的噪声防护措施,如安装声屏障、隔声窗、加高围墙、建设防护林带等。针对不同敏感点拟采取的措施略。

七、环评结论

（1）声环境现状监测表明，评价区内除个别临路敏感点受机动车行驶噪声影响较大外，整体声环境状况较好。

（2）公路施工期间的噪声主要来自施工机械和运输车辆的运行。昼间施工机械噪声在距施工场地 40m 以外地方低于《建筑施工场界噪声限值》（GB 12523—90）（注：现已被 GB 12523—2011 替代）中的限值；夜间距施工场地 300m 以外低于标准限值。

（3）各路段交通噪声按照《城市区域环境噪声标准》（GB 3096—93）（注：现已被 GB 3096—2008 替代）中的 4 类噪声标准衡量得出，昼间全路段达标距离（距路中心线）>20m；夜间全路段 2004 年达标距离 >20m，2016 年和 2023 年达标距离 >30m。

（4）运营近期和中期的车流量小，噪声预测贡献值较小，交通噪声对敏感点的影响不大；运营中远期，可能造成部分敏感点噪声超标，需要采取必要的噪声污染防护措施。

第四节　某城市道路工程环境影响评价简例

一、项目概况

本道路新建工程地处宝山区西南部的大场镇境内，呈南北走向，南起中环线，北至环镇南路，全长 868m，按照城市干线公路设计，近期实施双向四车道。远期新建沪嘉立交二期方案中的 WN、SN、NW、NS 四根匝道与本工程相接。规划红线 50m，设计车速 50km/h。

二、沿线环境保护目标

目前沿线有 2 个环境保护目标，均为农村居住区，根据规划，沿线即将建设大场镇新镇区，沿线主要为建设住宅、文教区和城市广场。

三、环境现状

（一）自然环境

本项目地处某市城区，沿线地势平坦，区域密布建筑物，以 1~2 层厂房和 1~3 层农村居住区建筑为主。

（二）环境质量

（1）声环境

朱江巷地处中环线沪嘉立交边，受其交通噪声的影响，昼间平均声级 68.4dB，夜间平均声级 58.0dB，昼间能达到《城市区域环境噪声标准》（GB 3096—93）（注：现已被 GB 3096—2008 替代）规定的 4 类标准（昼间低于 70dB，夜间低于 55dB），但夜间超标 3.0dB。可见前排房屋夜间已经受到噪声污染。

东方红村主要受到居民生活噪声的影响，声环境现状良好，昼间平均声级 55.7~56.0dB，夜间平均声级47.2~46.2dB，昼夜均能达到《城市区域环境噪声标准》(GB 3096—93)规定的2类标准(昼间低于60dB,夜间低于50dB)。

综上所述,本工程沿线靠近沪嘉立交区域受到交通噪声影响,声环境现状较差。沿线绝大部分区域没有显著声源,声环境现状良好,能够满足2类区标准。

(2)环境振动

监测结果能达到《城市区域环境振动标准》规定的混合区、商业中心区适用标准,昼间低于75dB,夜间低于72dB,表明沿线振动现状良好。

(3)环境空气

NO_2和CO监测值能达到《环境空气质量标准》(GB 3095—1996)(注:现已被GB 3095—2012替代)规定的二级标准,但PM_{10}有轻度超标,可能与沿线正在开展的房屋拆迁有关。

四、环境影响评价

(一)施工期

(1)施工期环境噪声影响及其缓解措施

施工期噪声主要来自前期动拆迁、施工运输车辆以及土建施工中的施工机械等。根据施工期噪声夜间影响比昼间影响范围大、影响显著的特点,重点是避免夜间施工,如必须夜间施工,应公示周边公众；此外,采用低噪声施工机械和施工方式、合理选择运输路线等也是有效的施工期噪声污染防治措施。

(2)施工期环境振动影响分析和对策

施工期机械和车辆会带来一定的振动影响,但这类影响比较轻微,且施工期振动影响是暂时的,随着沿线房屋的搬迁或施工结束,振动影响也将随之消失。

(3)施工期环境空气影响及其缓解措施

施工期主要的环境空气影响是扬尘污染,主要通过施工场围挡、洒水、密闭运输等进行控制。具体参照本报告提出的施工期扬尘污染防治措施和《某市扬尘污染防治管理办法》。施工期前应制订扬尘污染防治方案,并在施工前3日内报行政主管部门备案。

(4)施工期固体废物环境影响及其缓解措施

施工期固体废物主要包括动拆迁产生的建筑垃圾、路基处理中的废弃土方、钻孔灌注桩施工中产生的废弃泥浆,以及施工中产生的其他废弃建材等。如果不及时清运这些废弃物,会导致扬尘,污染水体,堵塞道路和河道,以及影响城市景观。应该按照《某市建筑垃圾和工程渣土处置管理规定(修正)》进行合理处置。

施工前3日内应向渣土管理部门申报建筑垃圾、工程渣土排放处置计划,填报建筑垃圾、工程渣土的种类、数量、运输路线及处置场地等事项,并与渣土管理部门签订环境卫生责任书。

(二)运营期

(1)噪声影响预测和对策

主要预测结果如下:

①朱江巷

朱江巷村紧靠现有沪嘉立交,处于声环境4类区,受其影响,现状昼间和夜间声级已经达到 68.4dB 和 58dB，昼间达标，夜间超标 3dB。

叠加现状值，靠近该路一侧房屋昼夜预测声级为 70.4dB、63.5dB，昼夜较现状分别增加 2.0dB、5.5dB，超标 0.4dB、8.5dB。

叠加现状值，距离该路 35m 处房屋昼夜预测声级为 69.1dB、60.5dB，昼夜较现状分别增加 0.7dB、2.5dB，由于处于沪嘉立交区内，仍采用 4 类标准评价，昼间不超标，夜间超标 5.5dB。

综上所述，应采取措施使朱江巷昼夜声级达标或不劣于现状。

②东方红村

东方红村农村住宅区声环境良好，现状符合声环境 2 类区标准。

叠加现状值后，东方红村路西部分前排房屋距离道路红线 50m，处于 2 类声功能区，昼夜预测声级为 62.5dB、57.9dB，昼夜超标 2.5dB 和 7.9dB。

叠加现状值后，东方红村路东部分前排房屋距离道路红线 5m，采用 4/2 类标准进行评价，前排昼夜预测声级为 70.0dB、65.9dB，昼间达标，夜间超标 10.9dB；距离红线 35m，昼夜预测声级为 58.5dB、52.4dB，昼间达标，夜间超标 2.4dB。

综上所述，应采取措施使东方红村昼夜声级达标。

(2)噪声污染防治措施

根据预测结果，建议采取如下措施：

①管理措施

禁鸣；维持道路路面的平整度和沥青铺装层的良好状态；建议安装超速监控设施，防止车辆超速行驶。

②规划控制

规划控制临路前排且距离道路红线 35m 以内不新建居民楼、医院、学校、敬老院等噪声敏感场所，并做好沿线新建建筑隔声设计，确保所建场所噪声达标；建议在该道路红线外两侧设置绿化带，采用乔灌结合、密集的绿化方式，选用常绿、阔叶树种，增强绿化带的降噪效果。

③工程措施

根据沿线敏感点的预测结果，采取以下降噪措施：

全线采用低噪声弹性路面，可降噪 2～4dB。加强道路用地范围内的绿化。为朱江巷、东方红村面对道路一侧前 2 排房屋卧室安装隔声窗，要求隔声效果不低于 25dB，该措施可以使房屋室内声环境达到住宅要求；目前沿线房屋均处于搬迁过程中，若该路建成通车前上述敏感点已经搬迁，则不必采取隔声窗措施。

(3)大气影响预测和对策

①道路两侧大气污染物分布

一般气象条件下，道路红线外不会出现大气污染物浓度超标，汽车尾气贡献值占排放标准的比例为 CO 小于 2%，NO_2 小于 27%。

不利气象条件下，CO 仍不会超标，NO_2 在道路红线处出现超标，运营近期最大超标 0.52 倍，运营远期超标 1.62 倍，但距离道路红线 20m 外即可达标。根据气象数据，这类不利气象条件出现的频率小于 2%。此外，刚排放的汽车尾气中 NO_2 占 NO_x 的比例往往小于 50%，因此实际超标情况会小于预测结果。

②沿线敏感点大气污染预测

一般气象条件下,沿线敏感点处 CO 和 NO_2 浓度均能满足《环境空气质量标准》(GB 3095—1996)规定的二级标准,沿线敏感点处 CO 最大小时浓度仅占排放标准的2%,NO_2 最大小时浓度占排放标准的25%。可见,一般气象条件下拟建项目对敏感点处大气污染贡献较小。

不利气象条件下,沿线敏感点处 CO 仍能满足《环境空气质量标准》(GB 3095—1996)规定的二级标准,但紧靠道路的敏感点处 NO_2 出现超标。

总体而言,本工程建设对沿线敏感点的环境空气质量影响较小,仅在不利气象条件下会导致距离道路红线20m内敏感点处 NO_2 超标。

(4)振动影响预测和对策

以往大量的监测表明,无论是共和新路这样的城市高架和地面主干道复合道路,还是杨高路这类大型车比例很高、车速明显高于市政道路的主干线,其道路两侧的振动(VL_z10)都低于70dB。类比可知,本路建成后交通振动对道路两侧影响较轻,能够满足《城市区域环境振动标准》(GB 10070—88)规定的交通干线两侧适用标准(昼夜低于75/72dB)。

五、环评结论

本道路新建工程是《某市城市总体规划 中心城道路系统规划》中确定的城市主干道,其建设有利于完善区域路网,提高区域道路交通能力,推进大场镇规划新镇的建设实施,促进区域社会经济发展。

在采取本报告书提出的各项环保措施后,项目对环境的影响较小。故本项目的建设在环境方面是可行的。

第五节 某地铁工程环境影响评价简例

一、项目概况

本城市地铁工程项目线路全长1 845km,全线设车站22座,车辆段和停车场各1座,线路经过居民区、商业区、交通枢纽、大型公建、科教、风景旅游区等城市功能区,项目总投资为80.6亿元。

线路主要技术标准:线路平面最小的曲线半径为区间正线350m、车站正线1 000m,线路纵断面最大坡度为正线2.4%、辅助线3%、地下车站一般为0.3%,竖曲线半径为区间正线5 000m、辅助线2 000m。车站按5辆编组规模设计,站台有效长度120m,宽度10~14m,侧式站台宽度35~45m。轨距为1 435mm。

工程沿线车站及车辆段、停车场给水均采用城市自来水,全线生产、生活用水量为3 504m³/d(不含消防用水)。本工程沿线及车站地面道路均布有市政排水管网,车站的生活污水、区间的结构渗漏水、冲洗废水和消防废水分类集中后,抽升就近排入城市污水管道,出入洞口的雨水就近排入城市雨水管网。列车采用电力驱动,列车对数为全天129对,高峰每小时8~10对,营业时间5:00~23:00。另外,工程施工还涉及拆迁安置等问题。

二、项目产生的主要污染

对于本工程项目来说,施工期和运营期产生的主要污染包括以下几个方面:

(1)振动污染

施工期振动污染主要为施工机械和运输车辆产生的振动。运营期为列车车轮与钢轨之间产生的撞击振动,传递给地面,对周围区域产生振动干扰。

(2)水污染

施工期的水污染主要来自施工机械、车辆和施工场地的冲洗废水,还有施工人员产生的生活污水和现场的跑、冒、滴、漏等。运营期污水主要来自车站及车辆段、停车场,包括工作人员日常生活产生的生活污水,还有地铁列车运行过程中产生的油污滴漏、雨水等。

(3)电磁污染

电磁污染主要为电车运行中因受流器与接触轨之间摩擦而形成的电磁辐射;另外,本工程配属的供电系统、自动控制系统等设备因高电压和大电流也形成固定电磁污染源。

(4)固体污染

施工期固体废物包括施工产生的渣土、开挖的土石方以及施工人员的生活垃圾等。运营期固体废物主要有乘客和工作人员的生活垃圾等。

(5)空气污染

施工期空气污染主要为施工拆迁、地面开挖、渣土堆放和运输过程中产生的扬尘和排放的尾气。运营期列车不产生尾气,因为主要的动力为电力。

(6)噪声污染

施工期噪声污染主要为施工机械产生的噪声,另外还包括施工场地挖掘、装载、运输等机械设备作业时产生的噪声污染。运营期噪声污染主要为地下区段的环控系统设备噪声,它是噪声污染的主要部分,另外,地面线路的列车运行噪声也应在考虑范围之内。

三、施工期的环境保护措施

(1)做好施工开挖面、施工场地、施工办公生活区、渣土堆放和运输等施工活动中的扬尘防治工作。

(2)在主要施工点设置临时性沉砂池和化粪池。

(3)使用低噪声施工设备。

(4)加强管理和对施工人员的教育。

(5)合理安排施工车辆的路线和时间。

(6)做好施工期排水工程,严禁随意排放而污染沿线地表水体和地下水源。

(7)合理安排施工方式和时间,以防止施工噪声影响沿线居民的正常生活与休息。

(8)加强施工期地下水的观测和预报工作,以防涌水等突发性事件发生。

四、环境影响评价报告应设置的专题重点

(1)工程分析。

(2)社会经济和城市生态环境影响评价。

(3)声环境影响评价。

(4)振动环境影响评价。
(5)水环境影响评价。
(6)电磁环境影响评价。
(7)环境空气影响评价。
(8)固体废物影响评价。
(9)施工期环境影响评价。
(10)拆迁安置影响分析。
(11)环保措施建议。

上述只是列出一些需要重点考察的评价专题,环境影响评价时,应能够根据每个项目的不同特点编制特殊专题。

第八章
道路交通环境影响控制

第一节 生 态 公 路

一、生态公路理念的由来

公路为满足人类社会发展而诞生,它的建设必然入侵原有的生态系统,形成一个人工生态系统。这一系统的"生存",不仅需要从其他系统中摄入大量的物质、能量,同时也不断向外界排出大量废弃物,以此维持公路的正常运转。公路存在的目的,在于满足人类的运输需求,而其一旦存在,对环境的影响也随即存在。因此,公路要成为一个完善的系统,将所有废弃物都在内部消化是不现实的,也是不可能的。另一方面,根据物质的耗散结构理论,公路对环境的影响是不可避免的,应采取措施减少公路对环境的影响。因此,生态公路的提出,是人类不断探索自然生态系统过程的其中一步,即刻建造完全符合自然规律的公路生态系统是不现实的。

最初,生态公路建设理念是从公路勘察设计领域提出和展开的,而后又逐渐推广到工程建设和运营管理等与公路建设相关的多个领域。为落实"科学发展观"的要求,并结合推广"川九路"的成功经验,交通部于 2004 年 4 月在全国展开以"提高设计人员环保景观设计(创作)意识,转变设计理念,合理灵活运用技术标准指标,降低公路建设对社会环境负面影响,提升公路交通行业整体形象"为目的的公路勘察设计典型示范工程活动,提出"安全、环保、舒适、和谐"的原则,并首次选出12条公路项目,其中部联合6项,省级示范项目6项,同时提出咨询要点,编写了示例图片集。

2004年9月,在南京召开了公路勘察设计工作会议,冯正霖副部长在会上提出了"六个坚持、六个树立"的新理念。对于全国的公路勘察设计行业来说,冯副部长的报告是一个纲领性、标志性文件,标志着我国公路勘察设计由关注数量、经济造价等因素向保护环境、提高综合质量和服务水平等方向转变。报告中提及"景观"共9处,"环保"共15处,这在以往的报告中是没有的。这个报告标志着公路建设新理念的初步形成。

在总结2004年典型示范工程成果的基础上,为扩大典型示范的范围,应一些省、区、市的要求,2005年初交通部又推出18个项目,这样典型示范工程的项目范围基本覆盖了全国。

2005年11月,在吸收借鉴国外发达国家先进理念和技术措施的基础上,结合典型示范工程实施一年多来的经验,公路司组织部分专家总结编写并出版了《新理念公路设计指南》和《降低造价公路设计指南》,标志着典型示范工程取得阶段性成果,同时也成为指导典型示范工程及其他公路工程实施的重要技术指南,成为典型示范工程继续深化的重要标志和公路建设新理念日趋成熟的标志。

因此,所谓生态公路的理念,就是强调公路生态化,以生态学理论指导生态公路的建设和发展,注重其实现最大生态化,而不是要求像自然生态系统那样维持稳定和可持续性。广东渝湛高速公路建设者所研究和建设的生态公路,就是讨论、证明并实现如何减少公路对环境的不利影响,并对不可避免的环境影响进行补偿,这是生态公路的基本立足点。

二、生态公路理念的解析

生态公路的实质是一种公路建设的理念,目前关于生态公路的理解有以下3个观点:

(一)绿化说

该观点认为生态公路就是在路域范围内绿化美化,如草皮护坡等。这种观点认识到了绿色植物在生态系统中的重要性和绿色植物产生的景观效果,具有较强的可操作性。然而这种观点把生态理解得过于简单,具有相当的局限性和片面性。

(二)质疑说

该观点认为公路作为一种带状的人工构造物,如果以自然生态系统的结构来衡量,公路是一个失衡的生态系统,是不可能实现生态的自然调节的,因此生态公路的提法不科学。实际上,这种观点没有真正理解"生态"的含义,这里的"生态"并不是指生态系统,而是一种新的发展理念,是以生态学的原理来指导公路的建设,使公路的发展与环境相适应,实现公路的可持续发展。

(三)替换说

该观点认为"生态公路"这一概念含糊不清,主张采用"生态化公路"或者"生态型公路"代替生态公路的概念。"化"强调转变过程,"型"强调状态模式,两者都有道理,但又都不全面,因为公路的建设和运营既有过程又是状态。

从生态角度讲,公路是人工生态系统,它是在对原有生态系统入侵的基础上建立起来的以交通运输功能为主体的新的生态系统。它是一个开放的但不完整的生态系统,不能自我维持,必须靠外界能量的输入才能维持其自身的运行。如果按传统的发展模式,公路生态系统必定是高投入、高消耗和不稳定的。实际上,生态公路提出的是一种理念,它强调按照生态学的原理来指导公路的发展,注重其在现有条件下的最大生态化。

现阶段,生态公路从概念上来说具有一定的模糊性,这正是其精妙所在,因为过于精确的定义反而限制了它的扩展空间和影响力。实际上,生态公路本身的定义并不重要,重要的是它的内涵和它包含的思想。生态公路主要指明了未来公路的发展方向,与其说是一个类型概念,不如说是一个评价性概念,它不是指某一种、某一类公路,而是指一种公路建设和运营的理念,是公路建设的方向和目标。

因此,可将生态公路定义为:在尊重自然的前提下,将自然、人和公路有机结合,运用生态学原理,不以牺牲生态环境为代价进行建设和运营,强调人、自然与公路的和谐相处,形成生态、环保、安全、舒适、经济、景观和谐的可持续的公路发展模式。生态公路由汽车运输活动与公路环境两大部分构成,前者在生态公路系统中占主导地位,后者是指公路交通环境、公路及交通活动成为联系人与其他生物和环境的纽带。人与自然的关系将以人工环境和人类的各种建设活动为中介联系起来。

三、国内外生态公路的发展概况

欧美地区及日本、韩国等发达国家,以审美为主题,注重公路环境保护,重视景观规划设计,充分利用地形地貌、山水草木等因素,使公路与生态环境相协调。设计时宁愿降低技术指标,或提高工程造价,也绝不轻易大填大挖。

美国著名景观规划设计师麦克哈格在《设计结合自然》(Design with Nature,1969)一书中提出,路线方案选择除考虑一般的自然地理、交通和工程标准之外,还要结合资源价值、社会价值和美学价值等因素进行综合考虑,不但考虑汽车的运行问题,而且要考虑对自然生物的影响,提出了图层叠加的路线选择方法,以使公路工程设计与环境有机结合,减少公路对环境的影响。

奥地利境内的阿尔卑斯山区,其高速公路最大纵坡可采用到7%,平曲线半径十分灵活,宜大则大,宜小则小。

在多瑙河谷地修建高速公路时,把线路布设在距离河流10~30km的高原上,虽然提高了造价,却保护了河流两岸的生态环境,其决策的远见卓识可见一斑。多瑙河位于奥地利北部,横贯其全境,奥北部的人口及城市、村镇,主要分布于该河谷地。从经济效益及快捷程度等方面分析,高速公路应布设在河谷地带。然而,奥地利的道路工程师们把路布设在多瑙河以南的高地,离开多瑙河约10~30km。他们的远见卓识,为当地人民保全了蓝色多瑙河的美景。当人们驱车进入多瑙河谷地时,首先迎接你的是丰沛的多瑙河河水、河北侧林木茂密而秀美的山峰,以及映入河水之中的山影,令人心旷神怡。多瑙河的南侧清洁而平整的普通道路及供旅游专用的自行车道沿河岸伸展,富有民族特色而建筑考究的村落、城镇沿河谷坐落于山(塬)坡脚下,侧面望去,建筑、花圃、草地及满坡的葡萄架构成了绚丽的美景。

意大利是修建高速公路比较早的国家之一。目前,已基本形成一个完善的高速公路网,里程已达7 000km。意大利在公路建设过程中,十分重视对自然生态环境的保护。

意大利是多山国家,山区公路较多。公路设计时,加大桥隧比例,避免高填深挖,不设长直线。例如，罗马至拉奎拉的高速公路长136km，有隧道16座，总长25km，最长的隧道10 200m。

意大利的山区公路隧道，多是上下行分离式独立隧道，既安全又适应地形特征，减少了对环境的破坏。公路横断面设计因地制宜，不拘泥以中央分隔带为中心线对称布置，一段分隔带宽，另一段可以变窄，路基不强求整体式，而是结合地形布设，布设大量高低变化的分离式，以方便利用地形，避免大挖大填，同样减少对环境的破坏。

第二节 生态恢复

一、生态恢复的一般规定

《中华人民共和国水土保持法》规定：修建铁路、公路和水运工程，应当尽量减少破坏植被；废弃的砂、石、土必须运至规定的专门存放地堆放，不得向江河、湖泊、水库和专门存放地以外的沟渠倾倒；在铁路、公路两侧地界以内的山坡地，必须修建护坡或者采取其他土地整治措施；工程竣工后，取土场、开挖面和废弃的砂、石、土存放地的裸露土地，必须植树种草，防止水土流失。

《中华人民共和国环境保护法》规定：产生环境污染和其他公害的单位，必须把环境保护工作纳入计划，建立环境保护责任制度；采取有效措施，防治在生产建设或者其他活动中产生的废气、废水、废渣、粉尘、恶臭气体、放射性物质以及噪声、振动、电磁辐射等对环境的污染和危害。

生态恢复是相对于生态破坏而言的，生态破坏可以理解为生态系统的结构发生变化、功能退化或丧失、关系出现紊乱。生态恢复就是恢复系统合理的结构、高效的功能和协调的关系。

生态恢复实质上就是被破坏生态系统的有序演替过程，这个过程使生态系统可能恢复到原先的状态。但是，由于自然条件的复杂性以及人类社会对自然资源利用的取向影响，生态恢复并不意味着在所有场合下都能够或必须使恢复的生态系统回到原先的状态，生态恢复最本质的目的就是恢复系统的必要功能并达到系统自维持状态。

在考虑生态恢复时，还要特别注意尽量利用现场的资源，尤其是土壤资源和生态资源。一般情况的建设项目，基本上都要涉及对土地资源的利用问题，其中一个特别明显的现象就是无论使用还是临时占用，都将对表层土产生直接的破坏作用。表层土壤含有丰富的有机质和植物种子、根块、根茎等繁殖体，是可以利用的宝贵资源。因此，生态恢复规划应充分考虑表层土，制订表层土挖掘、保存和利用计划。

二、路堤路堑边坡防护

路基防护与加固措施主要有边坡坡面防护、沿河路堤河岸冲刷防护与加固、路基支挡工程等。路堑边坡防护形式应与路基路面排水方案统一考虑，防护主要采用植草皮、浆砌片石网格植草、浆砌片石护坡及挡土墙等工程和植物措施。

(一)工程措施

(1)一般路堤边坡的填方高度大于3m时，采用浆砌片石衬砌拱护坡；填方高度大于20m

时,下部采用浆砌片石满铺护坡。

(2)水塘及浸水路基、临近大中桥头受洪水侵淹路堤设浆砌片石护坡。

(3)受地形地貌限制路段,根据具体情况采用路肩挡土墙或路堤挡土墙,水田地段设置护脚矮墙以节约土地。

(4)路堑边坡设计与边坡防护工程紧密结合。一般边坡稳定性较好的路段采用窗孔式浆砌片石护面墙、实体浆砌片石护面墙、拉伸网草皮防护或喷浆防护等措施;特殊路段边坡采用锚杆挂网喷射混凝土。

(5)对于土质或岩质整体性差、破碎、岩层倾向路基的泥岩、砂泥岩互层的挖方边坡,如清方数量不大,采用顺层清方,不能完成顺层清方的,尽可能放缓边坡,采用7.5号砂浆浆砌片石实体护面墙防护。

(6)对于整体性好、岩层水平背向路基、弱风化的砂泥岩互层的挖方边坡,采用窗孔式浆砌片石护面墙;对于微风化的硬质砂岩采用喷浆防护;对于最上一级的土质矮挖方边坡,采用拉伸网草皮防护。

(7)地貌地质条件较差路段的路堑边坡防护,采取以下措施:针对边坡的表层楔体破坏,设置锚杆挂网喷射混凝土稳定边坡;针对边坡可能发生顺结构面滑坡的,尽可能放缓边坡顺层清方,不能完全顺层清方的,再设置锚杆挂网喷射混凝土稳定边坡,同时加强岩体的排水措施。

(二)植物措施

边坡防护的植物措施有垂直绿化、三维喷播植草绿化、挖沟植草绿化、土工隔室植草绿化、钢筋混凝土骨架内加土工隔室植草绿化、钢筋混凝土骨架内填土植树绿化、有机基材喷播植草绿化、植被混凝土护坡、植生袋技术绿化、草皮移植绿化、人工播种绿化、等离子喷播等。主要讲述以下几种,其他可查阅相关资料。

(1)垂直绿化

垂直绿化是指栽植攀岩性或垂吊性植物,以遮蔽混凝土及圬工砌体,美化环境。一般用于:已修建的混凝土和圬工砌体构筑物处,如挡土墙、挡土板、锚定板及声屏障;路堑边坡平台上、桥台处,特别是采用挂网喷浆、护面墙等防护处理的边坡等位置;隧道洞口的仰坡上。这种方法主要从景观视觉效果考虑,一般2~3年可见成效,而边坡植物对路基稳定比较有利,可作为重点。

(2)三维喷播植草绿化

三维植被网又称土网垫,是以热塑性树脂为原料制成的三维结构,其底层为具有高模量的基础层,一般由1~2层平网组成,上覆蓬松网包,包内填种植土和草籽,具有防冲刷和有利于植物生长的两大功能。即在草皮形成之前,可保护坡面免受侵蚀,草皮长成后,草根与网垫、泥土一起形成一个牢固的复合力学嵌锁体系,还可起到坡面表层加筋的作用,有效防止坡面冲刷,达到加固边坡、美化环境的目的。

(3)挖沟植草绿化

挖沟植草绿化是指在坡面上按照一定的行距人工开挖楔形沟,在沟内回填适于草籽生长的土壤、养料、改良剂等有机肥土,然后挂三维植被网,喷播植草。此方法人工劳动强度高、施工速度较慢,但技术要求不高、造价低、绿化效果好。

(4)草皮移植绿化

草皮移植技术是将培育的生长优良的草坪用专业设备铲起运至坡面,按照一定的规格重新铺植,使坡面迅速形成草坪。草皮有人工草皮和天然草皮两种。该技术主要适用于土质稳定的边坡,对于岩质土边坡和岩质边坡,如果不采取土壤恢复措施,则不能直接铺植草皮。

三、水土流失及地质灾害防护措施

(一)防治范围

(1)道路施工区,指道路主体工程及配套设施工程占地所涉及的范围。包括工程基建开挖、填筑区,采石、取土开挖区,工程扰动的地表及堆积弃土石渣的场地等,该区是引起人为水土流失及风蚀沙质荒漠化的主要物质源地。

(2)道路影响区,指道路施工直接影响和可能造成损害或灾害的地区。包括地表松散物、沟坡及弃土石渣在暴雨径流、洪水、施工中爆破作业的作用下,对附近建筑和岩土产生影响或危及的范围,可能导致崩塌、滑坡、泥石流等灾害的地段。

(3)预防保护区,指道路影响区以外,可能对施工或道路运营构成严重威胁的主要分布区。如威胁道路的流动沙丘、危险河段等的所在地。

(二)防治对策

总的防治对策是控制影响道路施工与运营的洪水、风口动力源,加固施工区的物质源,实现新增水土流失和自然水土流失二者兼治。

道路施工区为重点设防、重点监督区。公路建设应尽可能与原有地形、地貌配合,减少开挖面、开挖量,尽量填挖平衡。工程基建开挖应尽量减少植被破坏。废弃土石渣不许向河道、水库、行洪滩地或农田倾倒。取土点应选在荒山、荒地,废弃渣场应选择适宜地点,并布设拦渣、护渣、倒渣及排水防护设施。对崩塌、滑坡多发地区的高陡边坡,要采取削坡开级、砌护、导流等措施进行边坡治理。岩体风化严重的石质挖方边坡或松散碎石填方边坡地段,宜采用植物与工程综合防护措施。施工中被破坏、扰动的地面,应逐步恢复植被或复垦。在道路沿线还应布设必要的绿化,起到美化和生物防护的功能。

道路影响区为重点治理区。在道路沿线,应根据需要布设护路、护河、护田、护村等工程措施,还应造林种草,修建梯地、坝地,以达到保护土地资源,减少水土流失,提高防洪、防风沙能力,减少向大江大河输送泥沙的目标。

预防保护区应以控制原地面水土流失及风蚀沙化为主要目标,开展综合治理。

第三节 公 路 绿 化

一、公路绿化设计类型

根据《公路环境保护设计规范》(JTJ/T 006—98),公路绿化按功能分为保护环境绿化和改善环境绿化两类,见图8-1。

(一)保护环境绿化

保护环境绿化是指通过绿化栽植来降噪、防尘、保持水土、稳定边坡。包括以下3类:

(1)防护栽植:在风大的公路沿线或多雪地带,有条件时宜栽植防护林带。
(2)防污栽植:在学校、医院、疗养院、住宅区等附近,宜栽植防噪、防空气污染林带。
(3)护坡栽植:公路路基、弃土堆、隔声堆筑体等边坡坡面应绿化,保持水土以增强边坡稳定。

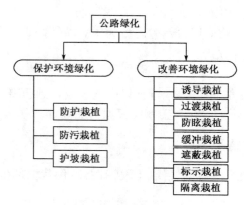

图 8-1　公路绿化设计分类

(二)改善环境绿化

改善环境绿化是指通过绿化栽植来改善视觉环境,增强行车安全。通常包括以下 7 类:

(1)诱导栽植:在小半径竖曲线顶部且平面线形左转弯的曲线路段,应在平曲线外侧以行植方式栽植中树(1~3m 高)或高树(3m 以上)。

(2)过渡栽植:可在隧道洞口外两端光线明暗急剧变化的路段栽植高大乔木(10m 以上),予以明暗过渡。

(3)防眩栽植:在中央分隔带、主线与辅道或平行的铁路之间,可栽植常绿灌木、矮树(1.5m 以下),以遮挡对向车流的眩光。

(4)缓冲栽植:在低填方且没有设护栏的路段,或互通式立交出口端部,可栽植一定宽度的密集灌木或矮树。

(5)遮蔽栽植:对公路沿线各种影响视觉景观的物体,宜栽植中低树进行遮蔽,公路声屏障宜采用攀援植物予以绿化并遮蔽。

(6)标示栽植:当沿线景观或地形缺少变化,难以判断所经地点时,宜栽植有别于沿途植被的树木等,形成明显标志,预告设施位置。

(7)隔离栽植:在公路用地边缘的隔离栅内侧,宜栽植刺蔾、常绿灌木及攀援植物等,防止人或动物进入。

二、公路绿化设计原则

公路绿化应与沿线环境和景观相协调,并考虑总体环境效果,设计时应遵守下列原则:
(1)尽量保留原有林木

公路通过林地、果园时,除因影响视线、妨碍交通或砍伐后有利于获得视线景观者外,应充分保留原有林木。

(2)与环境植被相融合

通过草原、林地或湿地时,宜选择当地植物并且以相似的方式进行绿化。

(3)绿化栽植应序中有变,变中有序

公路绿化应结合当地区域特征,分段栽植不同的树种,但应避免不同树种、不同高度、不同冠形与色彩频繁交换,产生视觉景观的杂乱。

(4)以自然生态型绿化为主

除中央分隔带外,公路绿化应以自然生态型为主。城镇附近互通式立交及服务区范围内的绿化,可适当采用园林设计方式。

(5)保证绿化覆盖率

填方路段的边坡植被覆盖率在秦岭、淮河以南地区应达到70%以上;在秦岭、淮河以北地区应达到50%以上;其余部位的绿化覆盖率应根据情况确定。

三、公路绿化植物选择原则

绿化植物应根据公路所在地区的气候、土壤特性,绿化栽植部位及类型等因素进行选择,选择原则如下:

(1)满足绿化设计功能的要求。
(2)具有较强的抗污染和净化空气的功能。
(3)具有初期生长快、根部发枝性强、能迅速稳定边坡的能力。
(4)易繁殖、移植和管护,抗病虫害能力强。
(5)具有良好的景观效果,能与附近的植被和景观协调。
(6)适地适时,以当地乡土植物为主,引进外来物种应谨慎。

一般来讲,道路用树木宜选用树形高大美观、枝叶繁茂、耐修耐剪、易于管护、生长迅速、抗病虫害能力强、成活率高,具有一定抗逆性和吸污能力的树种。绿化方式可采用乔木、灌木或乔、灌、草、绿篱搭配的形式。为使其常年发挥作用,可以考虑常绿与落叶树搭配。若考虑短期和长期的效果,也可以用速生树和慢生树相搭配。

在公路服务区、收费管理站及公路休息区,可选用庭荫树或具有观赏价值的乔木和灌木,使其体形、色彩与建筑相协调,还可选用一些藤本植物(如凌霄、爬山虎、常青藤等)进行屋面垂直绿化,以改善小气候。

第四节 野生动植物保护

公路建设和运营必须遵守国家保护野生生物和生物多样性的有关法规,并根据各地具体情况采取切实可行的措施。

一、合理选线

道路选线通常应避开珍稀濒危野生动物及古树名木集中分布区、重要自然遗迹分布区、具有旅游价值的自然景观区、自然保护区、风景名胜区和森林公园等地区。

《中华人民共和国自然保护区条例》明确规定:禁止在自然保护区进行砍伐、放牧、狩猎、捕捞、采药、开垦、烧荒、开矿、采石、挖沙等活动,法律、行政法规另有规定的除外;在自然保护区的核心区和缓冲区内,不得建设任何生产设施;在自然保护区的实验区不得建设污染环境、破坏环境资源或者景观的生产设施;建设其他项目,其污染物排放不得超过国家和地方规定的污染物排放标准;公路中心线宜距省级以上自然保护区边缘不小于100m。

二、特殊地区保护措施

如果道路必须通过上述特殊区域,应采取有效的保护措施。如公路通过林地时,严禁砍伐公路用地范围之外的不影响视线的林木;经过草原时,应注意保护草原的植被,取、弃土场应选择在牧草生长较差的地方;路线经过法定湿地时,应避免造成生态环境的重大改变,施工废料应弃于湿地范围以外。此外,还可以建立保护网栏、兽类通道及桥涵等。严格管理措施,如限制汽车运行速度,限制噪声,减少尾气污染等。必要时可对某些直接影响的珍稀濒危植物迁地保护。

在野生动物保护区、自然保护区或经常有野生动物(特别是濒危的珍稀野生动物)活动的地区,常修筑动物通道来保护动物的栖息环境,动物通道分下穿式和上跨式两种。

下穿式动物通道的设计可与涵洞或其他水利设施结合起来。动物通行的台阶高度应确保在最大水流量时不被淹没,台阶的两端筑成缓坡与原地面相接,并种植灌草,以保持原有地貌。在野生动物通道附近应设标准标志牌,提醒驾驶员不使用音响设施,夜间不开远光灯。

上跨式动物通道又称动物桥。桥面铺设1m厚的松土,并种植野生植物。为防止动物受到夜间车灯光的照射,在动物桥的两侧设置植物围栏并种树。由于高速公路切断了栖息在森林中的野生动物的迁徙路径,为了保护动物的生存环境,建双拱洞供车辆行驶用。在拱洞顶填足够厚的土,两端呈缓坡与原地面相接,并栽植当地野生植物,供动物通行用。

穿过林地、山区的公路,设计时要尽量保护现有的植被,如采用上、下行线分离式路基,可以使公路两侧的树木在公路上空相接触,为生活在树冠上的动物提供一种过路的途径。

三、普通等级公路野生动物保护措施

对于普通等级公路(两侧无隔离栅栏),动物穿越公路时与行驶车辆相撞是造成动物伤害的主要原因,其保护措施主要有以下3种:

(1)设置动物标志,减速行驶。在野生动物频繁出没的路段设置动物标志,提醒驾驶人员减速行驶,避免动物与车辆相撞引起伤亡。

(2)设置灯光反射装置。在路旁设置一些灯光反射装置,如反光镜等,以便夜间车辆行驶时,反射的强光吓跑公路两侧的动物,使其不敢穿越公路。

(3)设置保护栅栏。在公路两侧修建栅栏或植物篱可降低动物与车辆碰撞的风险,这些屏障可改变动物的迁徙路线,从而避免相撞事件发生。

四、水生生物保护措施

公路建设也会对水生生物产生影响,其主要减缓措施如下:

(1)在跨越河流、水渠、湖泊等水体时,尽量采用桥涵,不采用填土式的路基。

(2)尽量避免现有河流的改道。

(3)加强水域路段的路堤防护,桥梁施工挖出的泥渣不弃于河道,防止大量泥渣进入水体引起水质污染及河道淤塞,影响水生生物的生存环境。

(4)涵洞设计时应考虑水生生物迁徙洄游的需要,必要时,应设置消力墩来降低水流流速,以便鱼类能逆流洄游,涵洞底部标高应低于河床标高。

第五节 低噪声路面

一、低噪声路面的机理及其效益

(一)轮胎噪声的物理现象

轮胎与路面接触噪声的大小不仅与轮胎本身(如表面花纹)有关,更主要是取决于路面的表面特性。概括起来,轮胎噪声主要来源于下列3个方面:

(1)冲击(振动)噪声。主要由于路面不平整、车辙、横向刻槽等引起轮胎振动(甚至连带车身振动)而辐射噪声。这类噪声的频率较低。

(2)气泵噪声。轮胎在路面上滚动时,表面花纹槽中的空气被压缩后迅速膨胀释放而发出噪声,噪声产生的过程类似于空气泵压缩膨胀发出爆破声。气泵噪声的强度随车速的增加而增加,且以高频声为主,在轮胎噪声中占主要地位。

(3)附着噪声。由于轮胎橡胶在路面上的附着作用力,可产生类似于真空吸力噪声的声音。

(二)低噪声路面的机理

低噪声路面又称透水性路面或多孔隙路面。它是在沥青路面或水泥混凝土路面结构层上铺筑一层具有很高孔隙率的沥青混合料,其孔隙率通常为15%~20%,有的甚至更高,而普通沥青路面的孔隙率仅为3~6%。多孔沥青路面具有良好的宏观构造,这种宏观构造不同于一般防滑沥青路面,它不仅在路面,而且在路面内部形成发达而贯通的孔隙,成为一种负宏观效应,其减噪量一般为2~7dB。

根据刚性骨架多孔材料的微观理论和声学原理,对低噪声路面声学特性的影响因素(孔隙率、流阻率、扭曲因子和孔型因子)的分析表明,孔隙率的影响是主要的。从路面结构来看,厚度及粒径对吸声系数也有影响,路面的吸声系数随厚度的增加而趋于稳定,常用多孔隙路面的厚度为2~5cm。材料孔隙的形状和构造、孔隙大小、孔壁的粗糙程度等会对材料的吸声性能产生影响。一般来说,孔径较小的材料吸声系数大,但孔隙太小易被行车尘埃堵塞,为平衡以上矛盾,集料的最大粒径以15mm为宜。

早先为了行车安全,铺筑开级配透水沥青混凝土面层,以使路面上的雨水由表面至内部连通的孔隙网迅速排出。就是由于面层具有互通的孔隙网,产生了显著的降低交通噪声的效果,于是引发了多孔隙低(降)噪声路面的研究。低噪声路面的机理概括如下:

(1)面层孔隙的吸声作用。除了吸收发动机和传动机件辐射到路面的噪声外,还可吸收通过车底盘反射回路面的轮胎噪声及其他界面反射到路面的噪声。其吸声机理类似于多孔吸声材料的吸声作用。

(2)降低气泵噪声。由于面层具有互通的孔隙,轮胎与路面接触时表面花纹槽中的空气可通过孔隙向四周逸出,减小了空气压缩爆破产生的噪声,且使气泵噪声的频率由高频变成低频。

(3)降低附着噪声。与密实路面相比,轮胎与路面的接触面减小,有助于降低附着噪声。

(4)良好的平整度,降低了冲击噪声。

(三)低噪声路面的效益

(1)必要性

轮胎噪声是交通噪声中不可忽视的组成部分,当车速大于50km/h时,轮胎引起的噪声更加明显。又因轮胎噪声的频率较高,夜间它是干扰人们睡眠的主要"凶手"(除鸣笛等突发性噪声外)。据原联邦德国的研究,由改进汽车轮胎来降低轮胎噪声的能力是十分有限的,仅可降噪约1dB。因此,从噪声防治的角度,铺筑低噪声路面来降低交通噪声无疑是有效的措施。

(2)降噪能力

根据欧洲一些国家铺筑开级配多孔隙沥青路面试验路段测得的结果,试验路面较传统的密集配路面可降低噪声3~6dB(A),雨天可降噪约8dB(A)。试验路面层的孔隙率大多为20%左右,是否可再加大孔隙率进一步降低噪声,是德国卡尔斯鲁厄工业大学正在进行的研究。法国罗纳省联合米其林研究室,从1988年起对低噪声路面的理论进行研究,得出的结论是:采用加厚多孔隙路面可以降低噪声10dB(A)以内,但最多不会超过10dB(A)。

(3)耐久性和可靠性

荷兰、法国等的试验路表明,多孔隙沥青路面在使用多年后(如法国使用6年)测试,其透水性和附着性仍令人满意,对抗车辙、疲劳、老化等都表现出很好的耐久性和抗变形能力,使用性能等方面没有发现任何变化。也有一些国家如日本的研究认为,多孔隙沥青面层的孔隙率会随使用时间延长而下降,路面抗冻性变差,车辙出现变早,表面孔隙被泥沙堵塞,可导致透水性及降噪效果下降。

(4)经济性与使用价值

欧、美、日等地的试验路表明,采用多孔隙沥青混合料面层的低噪声路面比普通沥青混凝土路面的造价略高。因此,在道路交通噪声干扰人们正常生活的地方修筑低噪声路面才是有意义的,也符合经济的原则。它的使用价值表现在:①在城市人口密集区、特殊安静区等地使用,既可保护声环境,又可保持环境风貌,建成的试验路已受到当地民众的欢迎;②可以取消声屏障,至少可以降低声屏障的高度,从而美化环境,降低造价;③可以降低行车道内的噪声,从而降低车内噪声,提高司乘人员的舒适性。

二、低噪声路面的材料构造

低噪声路面分为沥青混凝土和水泥混凝土路面两类,目前对沥青混凝土低噪声路面的研究较多。

(一)多孔隙沥青路面

(1)单层多孔隙沥青混合料面层路面

该路面的构造是在普通密级配的沥青混凝土路面上,再铺筑一层开级配多孔隙沥青混合料面层。根据测定及资料介绍,面层以厚度为4~5cm、孔隙率为20%左右为宜。该路面铺筑较简单,也较经济。

(2)超厚多层多孔隙沥青混合料面层路面

该路面的多孔隙沥青混合料厚度为40~50cm,一般设4层排水沥青混合料和4cm厚多孔隙沥青混凝土面层,每层的材料级配不同,其目的是提高降噪效果。

(二)水泥混凝土低噪声路面

国际道路会议常设协会(PIARC)的混凝土协会1988年设立了水泥混凝土路面降噪声委员会,他们收集汇总了各国的研究成果,水泥混凝土面层的降噪方式归纳如下:

(1)使路面具有良好的平整度,不允许存在间距为数厘米的横向不平整度,从而降低轮胎的冲击(振动)噪声。

(2)以纵向条纹代替横向条纹。纵向条纹不但可降低轮胎的气泵效应,还可降低冲击噪声。制造方式是在水泥混凝土中加入增塑剂,浇筑刮平表面后再拉纵向条纹。据报道,不同纵向条纹表面构造的降噪量差别较大。

(3)表面用编织物处理,或用水刷洗。表面铺压编织物(如麻袋片),或用水刷洗混凝土,以增加表面粗糙度,从而降低轮胎气泵噪声的强度和频率。

(4)采用加气混凝土面层。30cm厚的加气混凝土面层,其孔隙率为20%左右,对降低轮胎噪声有利,但造价较高,表面强度较低,抗冻性也有问题。因此,只能在特殊场合使用。

(5)采用粗糙面层。在新铺筑的水泥混凝土路面上(可不设封面层,但强度需足够),用环氧树脂和砾石铺设面层。该面层既有粗糙度,又有弹性。据报道,其降噪效果优于多孔隙沥青路面。

低噪声路面的材料构造、铺筑技术和养护管理等还需全面深入地研究,然而它的降噪效果是值得肯定的。

三、低噪声路面的应用概况

(一)国外应用概况

20世纪80年代起,欧洲的比利时、荷兰、德国、法国和奥地利等国,开始研究并采用低噪声路面。由于低噪声路面与其他降噪措施(如声屏障)相比,具有经济合理、保持环境原有风貌、降噪效果好和行车安全等优点,发达国家已广泛展开应用研究。1993年,欧洲共同体要求其所有路桥公司能修筑"净化"路面,掌握铺筑低噪声路面的技术,并在法国图西欧修建了一个试验场地,汇集了许多公路和噪声测试方面的专家,以对低噪声路面技术作全面深入研究。

国外研究认为,对于胶粉改性沥青路面,橡胶粉或橡胶颗粒的高弹性使得路面具有了吸收轮胎振动和冲击的效果。同时胶粉改性沥青混合料是一种内阻尼较大的高分子复合材料,它对轮胎的振动具有较大的衰减作用,因而大大降低了轮胎和路面的振动噪声。

在多孔水泥混凝土路面研究方面,由于多孔混凝土材料具有诸多生态方面的优点,欧美、日本等一些发达地区和国家的研究者对多孔水泥混凝土路面研究的最初目的是为了增加城市的透水、透气空间,调节城市微气候,保持城市生态平衡,将其应用于广场、步行街、道路两侧和中央隔离带、公园内道路以及停车场。随着对多孔混凝土材料降噪性能的了解逐渐深入,才开始对高强度多孔混凝土材料进行深入研究,并走在了世界的前列。

日本于 20 世纪 70 年代后期为解决"因抽取地下水而引起地基下沉"等问题,提出了"雨水的地下还原政策",着手开发透水性混凝土铺装,并研究了透水性混凝土铺装材料的透水系数与孔隙率和强度的关系。比如,日本五福公园和上野不忍池公园中铺设的多孔水泥混凝土道路,路面厚度 70~200mm,水灰比约为 0.35,使用的是 5~13mm 或 2.5~7mm 级配的碎石。为了保证面层混凝土的强度和耐久性,1987 年,日本研究者申请了多孔路面材料专利,他们在胶结材料中掺用了高分子树脂和细骨料来制备多孔水泥混凝土。1993 年 6 月,在日本和歌山地区进行了多孔水泥混凝土路面铺装,施工通车后的 3 个月,对路面的透水性、混合料的老化性、路面温度及噪声值进行了追踪调查和评价,结果证明这种路面有利于雨水还原地下,降低路面温度,以及降低交通噪声。

(二)国内应用概况

我国一些高等学校,如原西安公路交通大学于 1993 年至 1996 年,对低噪声路面的机理、面层材料构造、沥青改性及添加剂等作了较为系统的研究。

近年来,国内一些科研单位、院校开展了多孔隙沥青混凝土和超薄沥青混凝土的研究。如 1988 年原交通部公路科学研究所与河北省交通厅合作铺筑了 100m 的 OGFC-16 试验路,同济大学于 1996 年在浙江萧山等地铺设了多孔隙降噪试验路段(4 400m),北京市政和广州市政分别在北京和广州铺设了超薄沥青混凝土试验路段(埃索改性沥青),原交通部公路科学研究所与济青高速公路管理局、原山东省交通科学研究所于 1999 年至 2000 年在济青高速公路上铺设了近 8 000m² 的超薄沥青混凝土。2000 年,原交通部公路科学研究所在京沪高速公路沧州段铺筑了 4 种低噪声路面(OGFC-16、OGFC-10、UTAC-10 及 UTAC-6),随后对试验路的噪声水平进行了跟踪监测。研究结果认为:小粒径、密实型沥青路面是更适于我国的低噪声路面。

结合西部交通科技项目《废旧橡胶粉用于筑路的技术研究》,原交通部公路科学研究所及其合作单位先后在广东、河北、四川、贵州、北京等地铺筑了胶粉改性沥青路面试验路,并采用定点法对其中的 3 条试验路进行了噪声对比测试试验。

第九章
道路交通环境影响研究案例

前面几章讲述的是开展道路交通环境影响评价工作常用的基本理论和方法。有时,我们需要针对某一类环境影响,进行更为深入的定量化研究,以为道路交通环境影响评价提供支持。本章内容为王健教授课题组针对道路交通环境影响评价的实际需要,在交通环境空气污染方面的研究成果。对出租汽车的空气污染提出了减排和管理的模型框架,建立了考虑空驶距离的出租汽车空气污染排放模型;建立了道路立交机动车空气污染排放模型;构建了考虑碳排放成本的城市交通拥挤定价模型;从交通行为科学的角度,进行了基于环境保护的拥挤定价下的公交收费策略设计。

第一节 城市出租汽车空气污染减排和管理的模型框架

第五章第三节阐述了有关环境空气质量的现状监测评价、公路建设项目施工期与运营期的环境空气影响评价以及车辆排放污染物模式预测的有关内容。这些方法是常规的预测评价方法,对于城市某一车型车辆空气污染相关内容的研究有所欠缺。下面以城市出租汽车空气污染排放研究为例,给出城市出租汽车空气污染减排和管理的有关模型框架。

目前的研究中,对于全车型交通流,即所有车型车辆的污染排放研究较多,对于出租汽车这种重要的公共交通方式研究得较少。为此,研究试图构建城市客运出租汽车污染减排和管理的框架,按照"数据挖掘→试验测试→污染分布与扩散模拟→减排效果模拟→案例分析"的研究思路,借助 GPS(global positioning system)与 GIS(geographic information system),分析城市出租汽车空气污染在城市路网中的实时分布与扩散情况。

一、出租汽车污染排放模型分析

出租汽车通常全天候 24 小时行驶和长时间占用城市道路,其空气污染远高于私家车、公交车和地铁。

Stead(1999)研究了英国不同客运交通方式与污染排放之间的关系,采用 1989 年至 1991 年的国家出行调查数据计算了车辆排放(CO、CO_2、NO_x、PM、HC)和能源消耗,发现出行距离是车辆污染排放和能源消耗的主要影响因素,其他因素包括占有率、使用年限、燃油类型、发动机温度、行驶速度和发动机大小等,在此基础上建立了出租汽车空气污染排放模型。

Wang 等(2010)建立的车辆排放模型则是基于车辆行驶里程(VMT, vehicle miles traveled)和污染排放因子(EF, emissions factors),见式(9-1):

$$Q_i = \sum_p (EF_{p,i} \times VMT_p \times S_p) \times 10^{-6} \tag{9-1}$$

式中:Q_i——污染物 i 的年排放总量,t;

$EF_{p,i}$——车辆类型 p 的污染物 i 的排放因子,g/km,可以用 COPERT Ⅳ 模型计算求得;

S_p——车辆类型 p 的总量,辆;

VMT_p——车辆类型 p 的年平均行驶里程,km/辆。

An 等(2011)在 Stead(1999)和 Wang 等(2010)研究的基础上,基于哈尔滨出租汽车的实际运行数据,在构建的出租汽车空气污染排放模型中考虑了空驶率的影响,以获得相对准确的排放总量。

此外,Gokhale 和 Khare(2004)综合了与车辆排放模型相关的确定性和随机性模型以及混合模型来提高预测准确性。Han 和 Naeher(2006)综述了近年来 PM、CO、NO_2、VOC 等污染物的研究,车型包含出租汽车、地铁和公交车。Pandian 等(2009)分析了交通量、车辆、道路特性与车辆排放的关系,指出在交叉口车辆排放与车队速度、减速度、排队时间、加速度、排队长度、交通量和周边环境情况相关。Kelly 等(2009)分析了 Ireland 的柴油车、汽油车在 CO_2 和 NO_x 污染物排放之间的差别,发现旧车排放了较多的 NO_x,而新车则产生了较多的 CO_2。

从上述分析中可以发现,出租汽车运营主体、车辆行驶里程和排放因子是影响其空气污染排放的主要因素。因此将构建一个城市出租汽车空气污染减排框架模型,目的在于优化出租汽车运行效率,减少空气污染和改善空气质量。

二、出租汽车 GPS 数据采集

通过出租汽车 GPS 数据可以获得其位置、速度等状态信息,与城市路网相结合,还可以获得路网交通状态的相关信息,如路段平均速度、车流量、交通拥挤状态、乘客活动空间等。

Jiang(2009)采用瑞典 Gavle 的出租汽车 GPS 数据,分析了路网交通量的统计分布特征,发现 20% 的主干道路承载了 80% 的交通量,并且 1% 最重要的道路承担了 20% 以上的交通量。Geroliminis 和 Daganzo(2008)利用日本横滨 140 辆出租汽车的调查数据,采用宏观基本图方法(MFD, macroscopic fundamental diagram)分析了城市路网中交通量的密度与速度之间存在的关系。但是该研究并没有将出租汽车 GPS 数据与横滨市的电子地图联系起来,不能有效提供出租汽车在路网中的实时分布状态等信息。

以下的研究则采集了上海市4000辆出租汽车连续24h(2007年2月20日)的运营数据(图9-1)。出租汽车分属于各家出租汽车企业,出租汽车企业又受到出租汽车客运管理部门的管理和约束,从侧面反映了城市客运交通系统的复杂网络性质和层级划分。

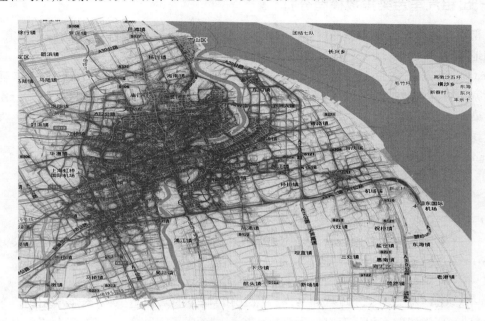

图9-1 上海市某出租汽车GPS路网分布图

三、出租汽车空气污染减排模型框架

按照"数据挖掘→试验测试→污染分布与扩散研究→减排效果模拟→案例分析"的研究主线,首先根据GPS数据挖掘出租汽车运行状态,基于信息融合技术统计乘客需求的时空分布规律与驾驶员行为规律;其次试验测试不同燃油类型、不同行驶工况、不同载客状态下的出租汽车空气污染排放因子;再次采用计算动力学模型和湍流模型分析出租汽车空气污染实时扩散状态,构建出租汽车污染排放分布特征分析系统;最后开发出租汽车环境空气质量改善策略仿真软件,模拟并检验不同环境空气质量改善措施的效果。

研究技术路线见图9-2。

(1) 基于GPS数据的出租汽车乘客需求时空分布分析

采用数据库建模方法分析出租汽车GPS数据,基于信息融合技术获得乘客需求的时空分布特性,以获得乘客的上下车位置信息,分析乘客需求的热点。

(2) 不同行驶工况下的出租汽车排放因子试验测试

主要分析不同燃料(包括汽油车和柴油车)的出租汽车在启动、运行和停止时,有/无乘客乘坐的情况下,出租汽车的污染排放因子。

(3) 基于GPS/GIS的出租汽车空气污染排放实时分布与扩散研究

基于(1)中得到的出租汽车运行状态数据和(2)中得到的出租汽车污染排放因子,进行出租汽车空气污染排放状况分析,可分为不同载客状态下柴油车与汽油车的实时污染排放分析。

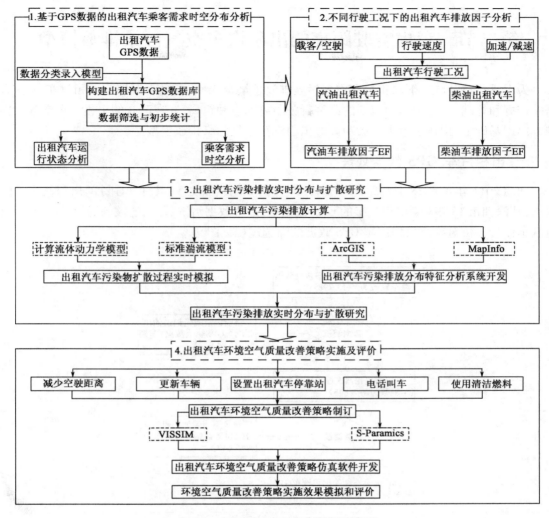

图 9-2 出租汽车空气污染减排模型框架图

为模拟出租汽车所排放污染物的实时扩散过程,采用三维计算流体动力学(CFD, computational fluid dynamics)模型和标准 k-ε 湍流模型(turbulence model)计算和模拟出租汽车在不同行驶工况和外界环境(风速、街道布局等)下的污染物实时扩散过程。基于 ArcGIS 10.0 和 MapInfo 软件开发出租汽车污染排放分布特征分析系统,以 MapInfo 地图数据为基础,将 Oracle 数据库中存储的经纬度坐标数据,采用 Delphi 编程反映到地图路网上,以搭建城市客运出租汽车污染排放实时分布呈现和研究平台。

(4) 出租汽车环境空气质量改善策略实施及评价

从行驶距离、排放因子、设置出租汽车停靠站、更新车辆、使用清洁燃料、电话叫车等方面制订出租汽车环境空气质量改善策略方案,作为设置出租汽车停靠站、车辆调配的依据。

基于 S-Paramics 系统仿真软件,开发城市客运出租汽车污染减排策略仿真软件,兼具微观车辆与宏观路网两个层面,以真实地反映不同污染减排策略下出租汽车运营情况和污染减排实施效果。

第二节 考虑空驶距离的出租汽车空气污染排放模型

为了量化空驶状态下出租汽车空气污染排放总量及比例，通过对深圳市出租汽车 GPS 数据的挖掘和处理，获得了出租汽车的载客行驶距离和空驶距离，并在已有的出租汽车空气污染排放模型基础上，构建了考虑空驶距离的出租汽车空气污染排放模型。

一、出租汽车 GPS 数据处理

利用 2011 年 4 月 18 日（周一）至 2011 年 4 月 26 日（周二）（共计 204h）的出租汽车 GPS 数据，从深圳市 13 798 辆出租汽车的 GPS 数据中，经过数据清洗、数据滤波，筛选出 3 198 辆出租汽车作为分析对象。出租汽车 GPS 数据的筛选过程见图 9-3。

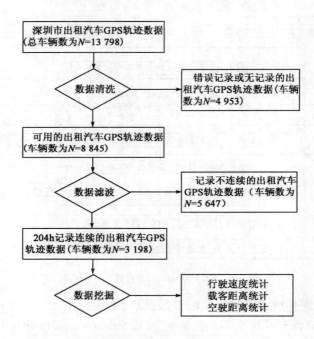

图 9-3 出租汽车 GPS 数据处理过程

（一）出租汽车空驶和载客状态识别

表 9-1 给出了深圳市某出租汽车 GPS 轨迹数据示例。从表 9-1 中可以发现，当出租汽车驾驶员在某点等待乘客上车时，驾驶员将短时停车（如编号 4 的记录），等候乘客；当出租汽车驾驶员等待乘客下车时，也需要短时停车（如编号 28 的记录）。因此选择出租汽车状态（status）的变化点作为乘客上下车的判断点。当同一出租汽车的 GPS 数据集中，上一条 GPS 数据中载客状态为"0"，而下一条 GPS 数据中载客状态为"1"的时候，代表出租汽车有乘客上车，此时出租汽车的 GPS 位置被提取出来作为"载客点"，假设在此时刻此位置发生了空载出租汽车载到乘客事件。反之，而当出租汽车状态从"1"变为"0"时，代表出租汽车有乘客下车，此时

GPS 位置为乘客的"下车点",假设在此时刻此位置发生了载客出租汽车乘客下车事件。角度指出租汽车行驶方向,具体为:0-东方、1-东南、2-南方、3-西南、4-西方、5-西北、6-北方、7-东北。

某出租汽车 GPS 轨迹数据示例　　　　　表 9-1

编号	日期	时间	经度	纬度	状态	速度	角度
1	2011/4/18	0:00:33	114.018 1	22.532 83	0	1	5
2	2011/4/18	0:01:34	114.018 5	22.532 85	0	1	1
3	2011/4/18	0:02:36	114.018 5	22.532 85	0	0	1
4	2011/4/18	0:02:44	114.018 5	22.532 85	1	0	1
5	2011/4/18	0:03:45	114.020 9	22.536 25	1	31	1
6	2011/4/18	0:04:46	114.023 2	22.536 67	1	11	1
7	2011/4/18	0:05:47	114.026 3	22.537 17	1	16	1
8	2011/4/18	0:06:49	114.029 3	22.540 17	1	36	1
9	2011/4/18	0:07:50	114.039 6	22.541 92	1	63	1
10	2011/4/18	0:08:51	114.047 1	22.542 35	1	45	2
…	…	…	…	…	…	…	…
25	2011/4/18	0:24:10	114.118 1	22.565 62	1	15	3
26	2011/4/18	0:25:11	114.118 2	22.565 15	1	2	4
27	2011/4/18	0:26:12	114.118 2	22.565 15	1	0	4
28	2011/4/18	0:26:16	114.118 2	22.565 15	0	0	4
29	2011/4/18	0:27:17	114.118 7	22.562 63	0	14	3
…	…	…	…	…	…	…	…

(二)出租汽车 GPS 数据推导运行距离

基于出租汽车 GPS 数据,可以获取出租汽车在路网运行的经纬度、时间、速度等信息,通过收集到的信息,结合深圳市 GIS 地图,可计算车辆的行程速度、载客运行距离、空驶运行距离等信息。这些信息能够较为准确地反映出租汽车在路网的行驶特性,因此出租汽车 GPS 数据亦适用于分析城市客运出租汽车的空气污染排放。

基于出租汽车 GPS 数据,可以计算两点之间的距离,本文采用式(9-2)计算两点之间的距离:

$$\begin{aligned} D &= R \times \arccos[\sin(lat_1) \times \sin(lat_2) + \cos(lat_1) \times \cos(lat_2) \times \cos(long_2 - long_1)] \\ &= 2R \times \arcsin\left(\sqrt{\sin^2\left(\frac{lat_2 - lat_1}{2}\right) + \cos(lat_1) \times \cos(lat_2)\sin^2\left(\frac{long_2 - long_1}{2}\right)}\right) \end{aligned} \quad (9-2)$$

式中：　　R——地球半径,采用地球平均半径,取值为 6 371.004km;

lat_δ、$long_\delta$——δ 点的经度和纬度;

D——两点间在地球表面的距离,km。

出租汽车某次载客或者空驶的轨迹是由一系列 GPS 定位点连接而成的,对与 GPS 定位点匹配后的 GIS 路网上的行驶轨迹进行距离累加,即可得到出租汽车的行驶距离。同时结合出租汽车的运行状态——空驶和载客,即可分别得到某辆出租汽车的空驶距离、载客距离,为计算出租汽车空气污染排放提供基础数据。

二、出租汽车空气污染排放模型构建

(一)传统的出租汽车空气污染排放模型

传统的出租汽车空气污染排放模型包括以行驶距离、燃料消耗为基础和考虑载客率的3种计算模型(An 等,2011)。

模型1是基于出租汽车的行驶里程 VKT 和排放因子 EF 进行计算,见式(9-3):

$$Q_j = \sum_{i=1}^{A}(EF_j \times VKT) \times 10^{-3} \tag{9-3}$$

式中: Q_j——空气污染物 j 的日均排放量,kg;

EF_j——空气污染物 j 的排放因子,g/km;

A——总的出租汽车数量,本例统计得到的是3 198辆出租汽车,$i = 1,2,\cdots,3\,198$;

VKT——每辆出租汽车的日均行驶里程,km;

$j = 1,2,3$——出租汽车排放空气污染物 NO_x,HC 和 CO。

模型2是基于排放因子和出租汽车的百公里耗油量(或称燃油经济性)进行计算,见公式(9-4):

$$Q_j = \sum_{i=1}^{A}\left(\frac{E_j \times VKT}{C}\right) \times 10^{-3} \tag{9-4}$$

式中: E_j——空气污染物 j 的排放因子,g/L;

C——出租汽车的百公里耗油量(或称燃油经济性),数值是11km/L;

Q_j、A 和 VKT 意义同前。

根据Stead(1999)的研究,模型3考虑了平均载客率,见式(9-5):

$$Q_j = \sum_{i=1}^{A}(EF_j^p \times P \times VKT) \times 10^{-3} \tag{9-5}$$

式中: EF_j^p——空气污染物 j 的排放因子,g/(km·人);

P——出租汽车的载客率,Stead(1999)采用的是1.6(除了驾驶员);

Q_j、A 和 VKT 意义同前。

(二)考虑空驶距离的模型

根据出租汽车 GPS 数据,通过获取到的每辆出租汽车的日均载客次数和行驶轨迹,可以得到出租汽车日均载客里程、日均空载里程,结合传统的3个模型,构建新模型进行分析。此处下标 o 和 v 分别代表出租汽车的2种状态——载客(occupancy)和空驶(vacant)。

根据模型1所构建的考虑空驶距离的改进模型,见式(9-6):

$$Q_j = \sum_{i=1}^{A}(EF_{o,j} \times VKT_o + EF_{v,j} \times VKT_v) \times 10^{-3} \tag{9-6}$$

式中: $EF_{o,j}$——载客状态下空气污染物 j 的排放因子,g/km;

$EF_{v,j}$——空驶状态下空气污染物 j 的排放因子,g/km;

VKT_o——每辆出租汽车的日均载客行驶里程,km;

VKT_v——每辆出租汽车的日均空驶行驶里程,km,且满足 $VKT_o + VKT_v = VKT$。

根据模型2所构建的考虑空驶距离的改进模型,见式(9-7):

$$Q_j = \sum_{i=1}^{A} \left(\frac{E_{o,j} \times VKT_o}{C} + \frac{E_{v,j} \times VKT_v}{C} \right) \times 10^{-3} \tag{9-7}$$

式中:$E_{o,j}$——载客状态下空气污染物 j 的排放因子,g/L;

$E_{v,j}$——空驶状态下空气污染物 j 的排放因子,g/L。

根据模型3所构建的考虑空驶距离的改进模型,见式(9-8):

$$Q_j = \sum_{i=1}^{A} \left(EF^p_{o,j} \times P \times VKT_o + EF^p_{v,j} \times VKT_v \right) \times 10^{-3} \tag{9-8}$$

式中:$EF^p_{o,j}$——载客状态下空气污染物 j 的排放因子,g/(km·人);

$EF^p_{v,j}$——空驶状态下空气污染物 j 的排放因子,g/(km·人)。

三、案例计算

结合已有的研究成果,本节取已有研究成果的下限值作为空驶状态的空气污染排放因子,将上限值作为载客状态的空气污染排放因子。文献给出了 $EF^p_{o,j}$ 的取值,而没有给出 $EF^p_{v,j}$ 的取值,本节参考 An 等(2011)的研究,空驶状态的排放因子取载客状态的0.6倍进行计算。表9-2给出了不同模型的出租汽车空气污染排放因子。

出租汽车空气污染排放因子　　　　　　　　　　　　　　　表9-2

模型	参考文献	状态	排放因子			
			单位	NO_x	HC	CO
改进模型1	Bi 等(2007)	载客	g/km	0.84	1.85	16.8
		空驶	g/km	0.43	0.9	9.34
改进模型2	Guo 等(2007)	载客	g/L	6.01	11.91	208.70
		空驶	g/L	5.05	7.11	177.44
改进模型3	Qiu 等(2008)	载客	g/(km·人)	1.6	0.432	13.312
		空驶	g/(km·人)	0.96	0.359	7.987

结合表9-2和式(9-6)~式(9-8),可以基于 GPS 数据和空气污染排放因子获得深圳市3 198辆出租汽车的日均空气污染排放总量的结果,见表9-3。

出租汽车日均空气污染排放结果　　　　　　　　　　　　　表9-3

模型	状态	排放因子				
		单位	NO_x	HC	CO	总量
改进模型1	载客	g/km	633.74	1 395.73	12 674.75	14 704.22
	空驶	g/km	201.56	421.88	4 378.20	5 001.64
	小计	g/km	835.30	1 817.61	17 052.95	19 705.86
改进模型2	载客	g/L	412.20	816.86	14 313.97	15 543.03
	空驶	g/L	215.20	302.99	7 561.50	8 079.69
	小计	g/L	627.40	1 119.85	21 875.47	23 622.72

续上表

模型	状态	排放因子				
		单位	NO_x	HC	CO	总量
改进模型3	载客	g/(km·人)	1 931.39	521.47	16 069.18	18 522.04
	空驶	g/(km·人)	450.01	121.41	3 743.97	4 315.39
	小计	g/(km·人)	2 381.40	642.88	19 813.15	22 837.43

从表9-3的结果可以看出,3个改进模型的空气污染排放总量计算结果虽然不完全一致,但所得的结果差别不大。由于出租汽车空气污染排放因子选自不同研究,且采用的排放因子计量单位不统一,因此3个模型的计算结果并不一致。同时可以看出,3个模型对应的空驶状态下出租汽车空气污染排放量占污染排放总量的比例分别为25.4%、34.2%和18.9%。因此,出租汽车空驶状态下排放的空气污染应引起交通管理者和研究人员的注意。为进一步校核模型的准确度,未来仍需开展相关的出租汽车实际排放调查,并构建相关的统计模型,以得到更为精确的排放因子和排放总量。

第三节 道路立交机动车空气污染排放模型

第五章介绍了常用的道路交通环境影响预测方法,这些预测方法多是从环境科学的角度研究道路交通问题,有时与道路交通实际,尤其是与道路几何线形设计条件结合不够紧密。在实际工作中,往往由于没有很好地针对一个具体的道路几何设计条件进行分析,而影响了环境影响评价工作的质量。为此,当现有的预测方法不能满足定量评价的需要时,需要我们自己针对要评价项目的特点进行计算。道路立交是路网中环境影响的关键节点,本节以道路立交为例,介绍如何将道路几何线形与环境影响相结合,研究道路立交的环境污染计算问题。

与道路路段相比,道路立交机动车空气污染排放计算的关键在于匝道变速运动段空气污染的计算。研究根据机动车所排放的污染物随行驶距离增加逐渐积累的原理,先建立车速与匝道长度之间的关系,通过污染排放与车速之间的关系,推导出污染排放与匝道长度之间的关系,通过对匝道长度的积分,求得匝道变速运动段的污染排放总量。以此为基础,推导出道路立交匝道、主线的机动车空气污染排放计算公式,为道路立交的空气污染预测提供依据。

一、匝道机动车空气污染排放计算

(一)匝道变速运动段车速与匝道长度的关系

道路立交主要是由主线和匝道组成的,在进行道路立交机动车污染排放计算的时候,匝道是研究的重点和难点,因为匝道上机动车的行驶速度变化十分复杂,不仅有匀速运动,还有变速运动。对于匀速运动段,机动车空气污染排放的计算可以按照常规的方法进行;对于变速运动段,机动车所排放的污染物是随行驶距离的增加逐渐累加的。根据这个原理,研究思路是:先建立车速与匝道长度之间的关系,通过污染排放与车速之间的关系,推导出污染排放与匝道长度之间的关系,通过对匝道长度的积分运算,求得机动车在变速运动段的污染排放总量。为此,将匝道上车速的变化过程分为一个减速和一个加速过程、只有一个减速过程、只有一个加速过程、一个以上减速和加速过程 4 种情况,分别建立车速与匝道长度之间的关系。研究表明,虽然匝道的线形单元组成不同,能够保证机动车的行驶速度不同,车速与匝道长度之间关系的具体表达式不同,但表达式的形式是一样的,均可以用式(9-9)表示:

$$V = el^2 + fl + g \tag{9-9}$$

式中:V——机动车在匝道上的行驶速度,km/h;
  l——机动车驶过的匝道长度,m;
  e、f、g——系数。

式(9-9)中系数 e、f、g 的标定可以分为以下几步:
(1)分析匝道的线形单元组成情况。
(2)分析匝道纵坡坡度的变化情况。
(3)根据匝道几何线形的组成情况及能够保证的速度,列出每个坡度段的初速度和末速度,利用式(9-10)求减速度(加速度)a,寻求此坡度段的速度变化规律。
(4)拟合得到机动车在匝道上的行驶速度与匝道长度之间的关系。

$$V_1 = \sqrt{25.92(a \pm i \times g)l + V_0^2} \tag{9-10}$$

式中:V_1——坡度段的末速度,m/s;
  V_0——坡度段的初速度,m/s;
  a——坡度段的加速度,m/s^2;
  i——坡度段的坡度;
  l——坡度段的长度,m。

(二)变速运动段机动车空气污染排放

对于变速运动段机动车空气污染排放的计算,需要先建立单车污染排放因子 E_{ij} 与车速之间的拟合关系。这里 E_{ij} 指的是 i 型机动车行驶单位里程的 j 种污染物排放量,单位是 g/(km·辆)。通过汇总、分析相关文献的研究成果,建立了 5 种车型、3 种污染物的 E_{ij} 与车速之间的拟合关系,见表9-4。

单车污染排放因子与速度的拟合关系 表 9-4

车型	污染物	排放因子与速度的拟合关系
小型车	CO	$E_{11} = 0.015\,9V^2 - 2.609\,3V + 114.67$
	HC	$E_{12} = 0.001\,2V^2 - 0.221V + 13.628$
	NO$_x$	$E_{13} = 0.000\,7V^2 - 0.077\,5V + 5.090\,2$
中型车	CO	$E_{21} = 0.015\,1V^2 - 2.642\,9V + 131.08$
	HC	$E_{22} = 0.002V^2 - 0.318\,1V + 18.364$
	NO$_x$	$E_{23} = 0.000\,7V^2 - 0.077\,5V + 7.090\,2$
大型车	CO	$E_{31} = 0.016\,3V^2 - 2.790\,2V + 149.85$
	HC	$E_{32} = 0.002\,2V^2 - 0.377\,3V + 22.938$
	NO$_x$	$E_{33} = 0.001\,2V^2 - 0.129\,7V + 13.414$

续上表

车　型	污染物	排放因子与速度的拟合关系
特大型车	CO	$E_{41} = 0.033V^2 - 5.5918V + 297.87$
	HC	$E_{42} = 0.0033V^2 - 0.566V + 34.407$
	NO$_x$	$E_{43} = 0.0015V^2 - 0.1686V + 17.438$

由表 9-4 可知，E_{ij} 与车速之间的关系可用式(9-11)表示：

$$E_{ij} = aV^2 + bV + d \tag{9-11}$$

式中：E_{ij}——单车污染排放因子 E_{ij}，g/(km·辆)；

　　　i——车型，$i=1,2,3,4,5$，分别表示小型车、中型车、大型车、特大型车和摩托车；

　　　j——污染物类型，$j=1,2,3$，分别表示 CO、HC 和 NO$_x$ 这 3 种污染物；

　　　V——车速，km/h；

　　　a、b、d——系数。

需要说明的是，加速度和负荷对排放的影响很大，但速度是决定道路立交几何设计条件的关键因素，要研究几何线形对污染排放的影响，就需对排放与速度进行回归。

为了寻求机动车空气污染排放与匝道几何线形之间的关系，将式(9-9)代入式(9-11)中，E_{ij} 与 l 之间的关系为：

$$E_{ij} = K_1 l^4 + K_2 l^3 + K_3 l^2 + K_4 l + C_1 \tag{9-12}$$

式(9-12)中的系数 K_1、K_2、K_3、K_4 和 C_1 分别为：

$$K_1 = ae^2 \tag{9-13}$$

$$K_2 = 2aef \tag{9-14}$$

$$K_3 = af^2 + 2aeg + be \tag{9-15}$$

$$K_4 = 2afg + bf \tag{9-16}$$

$$C_1 = ag^2 + bg + d \tag{9-17}$$

机动车在匝道上行驶，其排放的污染物是随着驶过的匝道长度增加而逐渐累积的，利用高等数学知识，机动车由匝道 a 点行驶到 b 点单车污染物排放量可以用式(9-18)表示。

$$q_{ij} = \int_a^b f(l) \, dl \tag{9-18}$$

将式(9-12)代入式(9-18)可得：

$$q_{ij} = \int_a^b (K_1 l^4 + K_2 l^3 + K_3 l^2 + K_4 l + C_1) \, dl \tag{9-19}$$

将式(9-19)做定积分可得：

$$q_{ij} = \left(\frac{K_1}{5} l^5 + \frac{K_2}{4} l^4 + \frac{K_3}{3} l^3 + \frac{K_4}{2} l^2 + C_1 l \right) \Big|_a^b \tag{9-20}$$

积分下限 a、上限 b 分别表示匝道某个线形单元的起点和终点。

第 i 种车型，交通量为 A_{zdi}，机动车在变速段排放的第 j 种污染物总量为：

$$Q_{ij} = A_{zdi} q_{ij} \tag{9-21}$$

机动车在匝道上行驶，变速运动段，5 种车型排放的 3 种污染物总量为：

$$Q_{zdb} = \sum_{i=1}^{5} \sum_{j=1}^{3} A_{zdi} q_{ij} \tag{9-22}$$

式中：Q_{zdb}——机动车在匝道上行驶,变速运动段,5 种车型排放的 3 种污染物总量,g/h;

A_{zdi}——匝道上第 i 种车型的交通量,辆/h;

q_{ij}——第 i 种车型第 j 种污染物的单车排放量,g/h。

(三)匀速运动段空气污染排放

由 E_{ij} 与 V 之间的关系,将机动车行驶速度带入式(9-11),求得车速为 V 时的单车污染物排放因子 $E_{ij(V)}$,将 $E_{ij(V)}$、匝道长度 l、第 i 种车型交通量 A_{zdi} 带入式(9-23)即可求得机动车在匝道上匀速运动段排放的污染物总量。

$$Q_{zdy} = \sum_{i=1}^{5} \sum_{j=1}^{3} A_{zdi} E_{ij(V)} l \qquad (9-23)$$

式中：Q_{zdy}——机动车在匝道上行驶,匀速运动段,5 种车型排放的 3 种污染物总量,g/h;

$E_{ij(V)}$——第 i 种车型第 j 种污染物的单车排放因子,g/(km·辆);

l——匀速运动段机动车驶过的匝道长度,km。

(四)左转匝道空气污染排放

左转匝道机动车所排放的污染物总量等于机动车在每条左转匝道上行驶时变速运动段和匀速运动段产生的污染物之和,见式(9-24):

$$M_{左匝} = \sum_{k_1=1}^{n_1} \sum_{i=1}^{5} \sum_{j=1}^{3} A_{zdk_1i} [q_{ij} + E_{ij(V)} l] \qquad (9-24)$$

式中：$M_{左匝}$——机动车在左转匝道上行驶产生的污染物总量,即 CO、HC、NO_x 这 3 种污染物之和,g/h;

n_1——左转匝道总条数;

A_{zdk_1i}——第 k_1 条左转匝道第 i 种车型的交通量,辆/h。

(五)右转匝道空气污染排放

右转匝道机动车排放污染等于机动车在每一条右转匝道上行驶,变速运动段和匀速运动段产生的污染之和,见式(9-25):

$$M_{右匝} = \sum_{k_2=1}^{n_2} \sum_{i=1}^{5} \sum_{j=1}^{3} A_{zdk_2i} [q_{ij} + E_{ij(V)} l] \qquad (9-25)$$

式中：$M_{右匝}$——机动车在右转匝道上行驶产生的污染物总量,g/h;

n_2——右转匝道总条数;

A_{zdk_2i}——第 k_2 条右转匝道第 i 种车型的交通量,辆/h。

二、主线及立交机动车空气污染排放计算

(一)主线空气污染排放

机动车在主线上通常以一定的速度做匀速运动,其空气污染排放计算方法与匝道匀速运动段相同。设立交共有 m 条主线,第 g 条主线的设计速度为 V_g,相应车速下的单车污染物排放因子为 $E_{ij(V_g)}$,主线 g 第 i 种车型的交通量为 A_{zxgi},长度为 l_{zg},则所有主线机动车排放的污染物总量为:

$$M_{主} = \sum_{g=1}^{m}\sum_{i=1}^{5}\sum_{j=1}^{3} A_{zxgi} E_{ij(V_g)} l_{zg} \tag{9-26}$$

式中：$M_{主}$——所有主线上机动车排放污染总量，g/h；

g——立交主线条数；

m——立交主线总条数；

A_{zxgi}——第 g 条主线第 i 种车型的交通量，辆/h；

$E_{ij(V_g)}$——第 g 条主线第 i 种车型第 j 种污染物的单车排放因子，g/(km·辆)；

l_{zg}——第 g 条主线的长度，km。

（二）立交空气污染排放

立交主要是由主线和匝道组成，立交范围内机动车所排放的污染物是所有主线和匝道上行驶的机动车所排放的污染物之和。由前面的讨论可知，主线上机动车所排放的污染物可用式(9-26)计算，匝道上机动车所排放的污染物可用式(9-24)、式(9-25)计算，相加后便可得到整个道路立交机动车所排放的污染物总量 M，见式(9-27)。

$$M = \sum_{g=1}^{m}\sum_{i=1}^{5}\sum_{j=1}^{3} A_{zxgi} E_{ij(V_g)} l_{zg} + \sum_{k_1=1}^{n_1}\sum_{i=1}^{5}\sum_{j=1}^{3} A_{zdk_1 i}[q_{ij} + E_{ij(V)} l] +$$

$$\sum_{k_2=1}^{n_2}\sum_{i=1}^{5}\sum_{j=1}^{3} A_{zdk_2 i}[q_{ij} + E_{ij(V)} l] \tag{9-27}$$

式中：M——道路立交机动车所排放的污染物总量，g/h；

其余符号含义同前。

三、案例计算

以位于黑龙江省依宝公路与鹤大公路交叉处的鹤大立交设计方案二为例，利用本节介绍的方法对其机动车所排放的污染物进行计算。方案二示意见图 9-4。

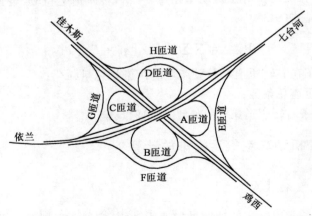

图 9-4 鹤大立交方案二示意图

根据立交设计文件，利用前面的方法，匝道变速运动段机动车行驶速度和匝道长度的拟合关系见表 9-5，方案二的目标年交通量见表 9-6。

匝道变速段机动车行驶速度和匝道长度的拟合关系　　　　　　　　表 9-5

名　　称	变速运动段桩号	拟　合　关　系
A 匝道	k0+600～k0+737	$V = 2E + 0.4l^2 - 0.1489l + 83.474$
B 匝道	k0+000～k0+350	$V = 6E + 0.4l^2 - 0.2269l + 70.541$
	k0+350～k0+779	$V = 6E + 0.4l^2 - 0.6069l + 214.7$
C 匝道	k0+000～k0+730	$V = 2E + 0.4l^2 - 0.1016l + 71.35$
D 匝道	k0+000～k0+380	$V = 5E + 0.4l^2 - 0.2003l + 69.507$
	k0+380～k0+761	$V = 6E + 0.4l^2 - 0.6288l + 224.04$
E 匝道	k0+700～k0+896	$V = -5E - 0.5l^2 + 0.0962l + 68.016$
F 匝道	k0+000～k0+160	$V = -6E - 0.5l^2 - 0.0846l + 84.991$
G 匝道	k0+650～k0+801	$V = -8E - 0.5l^2 + 0.2322l - 48.035$
H 匝道	k0+000～k0+180	$V = -6E - 0.5l^2 - 0.0838l + 84.986$

由表 9-5 可以看出,通过对各条匝道几何线形单元的分析,利用式(9-10)可以拟合得到机动车在匝道上的行驶速度与匝道长度之间的关系。

鹤大立交方案二目标年交通量(单位:辆/h)　　　　　　　　表 9-6

名　称	方　　向	小型车	中型车	大型车	特大型车
A 匝道	依兰至佳木斯	390	217	173	87
B 匝道	佳木斯至七台河	260	144	116	58
C 匝道	七台河至鸡西	1 685	936	749	375
D 匝道	鸡西至依兰	2 054	1 141	913	456
E 匝道	鸡西至七台河	799	444	355	178
F 匝道	依兰至鸡西	855	475	380	190
G 匝道	佳木斯至依兰	191	106	85	42
H 匝道	七台河至佳木斯	227	126	101	50
主线 1	依兰、七台河	2 105	1 169	935	468
主线 2	佳木斯、鸡西	2 203	1 224	979	490

由表 9-7 可以看出,根据表 9-4 中单车污染物排放因子与速度之间的关系,以及表 9-5 中匝道变速段机动车行驶速度和匝道长度的拟合关系,利用式(9-12)能够得到单车污染物排放因子和匝道长度之间的关系,根据式(9-20)可以得到 i 车型变速运动段的污染物排放量,根据表 9-6 目标年交通量,利用式(9-23)～式(9-27)可以计算得到各条匝道、主线以及整个立交 CO、NO_x、HC 三种机动车所排放污染物的总量(表 9-7)。

鹤大立交方案二机动车所排放污染物汇总　　　　　　　　表 9-7

类　别	名　　称	污染物总量(g/h)
主线	主线 1	295 365.12
	主线 2	250 796.22
左转匝道	A 匝道	20 130.35
	B 匝道	100 900.97
	C 匝道	93 985.46
	D 匝道	807 917.8

续上表

类别	名称	污染物总量(g/h)
右转匝道	E 匝道	57 586.81
	F 匝道	69 571.57
	G 匝道	34 164.46
	H 匝道	19 215.65
合计		1 203 473.07

第四节　考虑碳排放成本的城市交通拥挤定价模型

城市交通对于环境空气的影响还表现在增加了温室气体 CO_2 的排放,而对于缓解城市交通拥挤、减少二氧化碳排放等问题,采用价格策略能在一定程度上改善现状,这主要是通过将碳排放费用作为出行成本的一部分以及征收交通拥挤费用等措施来改变出行者的路径、出行方式和出行时间选择,以期达到在缓解交通拥挤同时减少温室气体 CO_2 排放的目的。

一、城市交通碳排放收费与拥挤定价理论分析

参考文献《考虑碳排放成本的城市交通拥挤定价模型》,可以了解城市交通碳排放的定量模型和收费模型。征收交通拥挤费用是缓解城市交通拥挤状况的一种重要的交通需求管理措施,实质上是通过经济学中的价格机制来调整路网的交通需求量,交通拥挤定价分为静态拥挤定价和动态拥挤定价。近年来,基于静态拥挤定价模型的最优拥挤定价,在交通系统定价模型与评价中得到了广泛的应用;动态拥挤定价理论主要有最优惩罚、最优阶段、阶梯式的交通拥挤定价模型,但经典的动态拥挤定价理论也存在不少局限性。

根据文献中交通碳排放收费与拥挤定价的定义可以看出,两者存在一定的联系:从相同之处来看,两者都是利用经济学中的价格手段增加出行者的出行成本,改变出行者原有的出行习惯。从不同点来看,前者主要针对交通碳排放问题,通过征收排碳费用来减少二氧化碳排放量,后者则是针对交通拥挤问题,通过征收拥挤费用来缓解城市交通拥挤;在作用对象方面,碳排放收费是对所有的车辆进行收费,而拥挤收费则只针对城市私人小汽车。然而,由于交通拥挤中的车辆会额外排放一定量的二氧化碳以及其他污染性气体,当对小汽车征收拥挤费用时,车辆的排放费用也会相应增加,这样会导致小汽车的出行成本增长幅度较大,会在很大程度上对小汽车的发展形成阻碍,是不太合理的。所以,在征收交通拥挤费用时,不对额外增加的碳排放进行收费,因而对车辆在固定不变的工况下征收的碳排放费用,应独立于交通拥挤费用,以确保费用征收的合理性。

二、城市交通拥挤定价双层规划模型

双层规划即是包括两个层次的决策者,分别为上层决策者和下层决策者,上层决策者在双层规划中处于领导地位,而下层决策者则处于从属地位。对于双层规划,每层均有各自的目标函数和决策变量,其中上层的决策目标一般具有全局性,所以双层规划的求解一般是找到使上层和下层均达到最优的一组决策变量。在拥挤定价双层规划模型中,上层决策者为缓解城市

交通拥挤而制订的拥挤定价策略会改变部分出行者的路径选择,从而使路网流量重新进行分配,不仅如此,它还会对出行者的出行方式产生影响,当拥挤收费值达到一定标准时,部分小汽车出行者会改为选择公交车出行或其他方式出行,在综合考虑拥挤定价对出行者路径选择和出行方式选择的影响下,建立基于网络平衡分配的出行方式选择和基于交通流量分配的下层用户组合模型。

模型建立前,首先进行模型符号的标定、模型创建条件的假设与出行成本的分析(此部分内容可参考书后所列参考文献),在此仅介绍模型主要的建立过程。

(一)下层用户模型

交通拥挤定价不仅使出行需求量按照 Logit 形式进行方式分离,而且各个出行方式的路径选择行为均满足 UE 条件,建立本节的基于网络平衡分配的交通方式选择和基于交通流量分配的下层用户组合模型。

(1)组合模型的建立

当忽略小汽车出行和公交车出行间的相互作用时,在广义出行费用最小化的目标下构造的数学模型见式(9-28):

$$\min Z(x,\hat{x},\hat{q}) = \sum_a \int_0^{x_a} t_a(\omega)d\omega + \sum_{rs}\int_0^{\hat{q}_{rs}}\left(\frac{1}{\theta}\ln\frac{\omega}{q_{rs}-\omega}+\phi_{rs}\right)d\omega + \sum_a\int_0^{\hat{x}_a}\hat{t}_a(\omega)d\omega$$

$$\text{s.t.} \begin{cases} \sum_k f_k^{rs} + \hat{q}_{rs} = \bar{q}_{rs} \\ \sum_k \hat{f}_k^{rs} = \hat{q}_{rs} \\ f_k^{rs},\hat{f}_k^{rs},\hat{q}_{rs} \geq 0 \\ x_a = \sum_r\sum_s\sum_k f_k^{rs}\delta_{a,k}^{rs} \\ \hat{x}_a = \sum_r\sum_s\sum_k \hat{f}_k^{rs}\hat{\delta}_{a,k}^{rs} \quad \forall r,s,k,a \end{cases} \tag{9-28}$$

在式(9-28)中,参数 ϕ_{rs} 概括了除行驶时间差异外的其他所有影响运输方式选择的因素,ϕ_{rs} 可理解为人们对小汽车的偏好。由于 ϕ_{rs} 涉及的面太多,因而本模型忽略 ϕ_{rs},仅考虑车辆运行过程中的具体阻抗。通过分析不同出行方式的出行阻抗,得到的满足用户平衡网络的下层用户模型见式(9-29):

$$\min Z(x,\hat{x},q_{rs},\hat{q}_{rs}) = \sum_a\int_0^{x_a}C_a(\omega)d\omega + \sum_a\int_0^{\hat{x}_a}\hat{C}_a(\omega)d\omega + \sum_{rs}\int_0^{\hat{q}_{rs}}\left(\frac{1}{\theta}\ln\frac{\omega}{q_{rs}-\omega}\right)d\omega$$

$$\text{s.t.} \begin{cases} q_{rs} + \hat{q}_{rs} = \bar{q}_{rs} \\ \sum_k f_k^{rs} = q_{rs} \\ \sum_k \hat{f}_k^{rs} = \hat{q}_{rs} \\ f_k^{rs},\hat{f}_k^{rs} \geq 0 \\ q_{rs},\hat{q}_{rs},\bar{q}_{rs} \geq 0 \\ x_a = \sum_r\sum_s\sum_k f_k^{rs}\delta_{a,k}^{rs} \\ \hat{x}_a = \sum_r\sum_s\sum_k \hat{f}_k^{rs}\hat{\delta}_{a,k}^{rs} \quad \forall r,s,a \end{cases} \tag{9-29}$$

在式(9-29)中,约束 1~3 是不同出行方式的 OD 流量和路径流量间的守恒关系;约束 4~5 是变量非负约束;约束 6~7 是相应的路径流量与路段流量间的守恒关系。

(2) 模型等价性证明

关于模型的等价性,可以证明,模型(9-29)的一阶最优条件包含了公交车网络和小汽车网络的 UE 条件,而且也能产生 Logit 形式的方式分离函数,从而保证了模型的等价性。具体过程可参考书后所列参考文献。

(3) 模型的算法

利用相继平均值算法对下层用户模型进行求解,在计算过程中,每一次的迭代都致力于找到另一个相对优化的步长,然后得到一组解。再利用该解进行下一次迭代,循环操作直至得出最优解。具体步骤可参考书后所列参考文献。

(二) 上层决策者模型

一般来说,上层规划目标的确定,可以依据城市的不同交通管理目标和出发点。本节假定城市的交通管理目标为:使所有出行者(小汽车出行者和公交车出行者)的盈余(用户盈余 CS,consumer surplus)最大化,即交通管理者通过制订拥挤路段定价方案,使得整个交通系统的用户盈余最大化,且保证各个路段流量均不大于路段的通行能力。用户盈余 CS 等于整个交通系统中总的用户效益 TUB(total user benefit)与总费用 TSC(total social cost)之差,见式(9-30)。

$$CS = TUB - TSC$$

$$\text{s.t.} \begin{cases} TUB = \sum_a u_a x_a \\ TSC = \sum_a x_a t_a(x_a) + \sum_a \hat{x}_a \hat{t}_a(\hat{x}_a) \end{cases} \tag{9-30}$$

于是,得到上层模型式(9-31):

$$\max F(x, \hat{x}, u_a) = \sum_a u_a x_a - \left\{ \sum_a x_a t_a(x_a) + \sum_a \hat{x}_a \hat{t}_a(\hat{x}_a) \right\}$$

$$\text{s.t.} \begin{cases} x_a \leq B_a \\ \hat{x}_a \leq \hat{B}_a \quad \forall a \\ u_a \geq 0 \end{cases} \tag{9-31}$$

式中:B_a——路段 a 的小汽车承载能力;

$\hat{B}_a$——路段 a 的公交车承载能力;

u_a——路段 a 上对小汽车征收的拥挤费。

(三) 双层规划模型的建立

结合上、下层模型,得到本节的双层规划模型,见式(9-32)和式(9-33):

$$U: \max F(x, \hat{x}, u_a) = \sum_a u_a x_a - \left\{ \sum_a x_a t_a(x_a) + \sum_a \hat{x}_a \hat{t}_a(\hat{x}_a) \right\}$$

$$\text{s.t.} \begin{cases} x_a \leq B_a \\ \hat{x}_a \leq \hat{B}_a \quad \forall a \\ u_a \geq 0 \end{cases} \tag{9-32}$$

其中的 x_a、$\hat{x}_a$ 可通过求解下层规划模型得出。

$$L: \min Z(x,\hat{x}) = \sum_a \int_0^{x_a} C_a(\omega) d\omega + \sum_a \int_0^{\hat{x}_a} \hat{C}_a(\omega) d\omega + \sum_{rs} \int_0^{\hat{q}_{rs}} \left(\frac{1}{\theta} \ln \frac{\omega}{\hat{q}_{rs} - \omega} \right) d\omega$$

$$\text{s.t.} \begin{cases} q_{rs} + \hat{q}_{rs} = \bar{q}_{rs} \\ \sum_k f_k^{rs} = q_{rs} \\ \sum_k \hat{f}_k^{rs} = \hat{q}_{rs} \\ f_k^{rs}, \hat{f}_k^{rs} \geq 0 \\ q_{rs}, \hat{q}_{rs}, \bar{q}_{rs} \geq 0 \\ x_a = \sum_r \sum_s \sum_k f_k^{rs} \delta_{a,k}^{rs} \\ \hat{x}_a = \sum_r \sum_s \sum_k \hat{f}_k^{rs} \hat{\delta}_{a,k}^{rs} \end{cases} \quad \forall r, s, a \tag{9-33}$$

以上建立的双层规划模型在最大化网络总收益和最小化出行总成本的目标下，在交通网络满足用户均衡条件下的路径及方式选择要求下，可以找到最优的拥挤路段定价方案。

（四）双层规划模型的算法

在交通领域中，双层规划问题是一个不存在多项式求解算法的 NP-hard 问题，同时，双层规划问题大多都是能找到局部最优解而非全局最优解的非凸问题，因此求解双层规划模型是很困难的，其算法一般都异常复杂。针对双层规划模型求解，现有的算法主要有迭代最优算法（IOA）、模拟退火算法（SA）、启发式算法、灵敏度分析法、基于步长加速法和惩罚函数法的直接搜索法、遗传算法（GAS）等。由于它们的适用条件和模拟精度是不一样的，因而每种算法的复杂性也是不同的，针对本节所建的考虑碳排放成本的拥挤收费双层规划模型，采用基于步长加速法和惩罚函数法的直接搜索算法对其进行求解，此方法的难度较低，计算的工作量比较合理且效率相对较高。

该算法的主要工作是对上层决策者模型进行求解，下层用户模型在求解过程中充当了上层模型的约束条件，以此来传递模型中的各个变量值。先通过惩罚函数法将上层决策者模型转化成没有约束的最小值问题，见式（9-34），然后利用步长加速法对其进行相应的求解。

$$\min Z(u_a, \gamma, \hat{\gamma}) = \sum_a x_a t_a(x_a) + \sum_a \hat{x}_a \hat{t}_a(\hat{x}_a) - \sum_a u_a x_a + \sum_a \gamma \{\max[(x_a - B_a), 0]\}^2 +$$

$$\sum_a \hat{\gamma} \{\max[(\hat{x}_a - \hat{B}_a), 0]\}^2$$

$$\text{s.t.} \ u_a \geq 0 \quad \forall a \tag{9-34}$$

该算法的基本思想如下：对一个确定的惩罚因子 $\gamma > 0$，通过步长加速法对模型（9-34）进行求解，即确定一组初始的拥挤定价方案 u_0 来进行探测搜索。在该定价方案下，对组合交通方式选择和交通流量分配的下层用户模型进行求解，得到各个路段的小汽车、公交车的出行流量等值后，将其反馈至上层决策者模型（9-34）中，再利用相继平均值方法确定迭代步长，循环计算，直到得出满足条件的惩罚因子 γ 的拥挤定价方案，且保证路段流量不超过路段的通行能力，否则增大惩罚因子，循环计算，得出双层模型的最优解。

一般地,取初始的拥挤定价方案为 $u_0=0$,通过循环求解下层用户模型,并利用步长加速法,求解模型(9-34)。具体步骤可参考书后所列参考文献。

三、案例计算

(一) 算例提出

所选算例为哈尔滨工业大学第二校区周边路网,如图 9-5 所示。

图 9-5 哈尔滨工业大学第二校区周边路网

为了更加简单明了地说明问题,选取路网中的红旗大街、华山路、黄河路、淮河路和嵩山路对图 9-5 进行简化,得到的路网结构如图 9-6 所示,由 6 个节点、7 个路段组成,共有两个 OD 对(1,3)、(2,4),假设路线为单向,两 OD 对分别对应两条路径,路段 1 和路段 2 为收费路段(即华山路和红旗大街),其余路段不收费,小汽车与公交车可在所有路段上运行。

通过调查以及相关经验参数,得到的案例中各个路段长度、路段通行能力以及路段自由通过时间见表 9-8 和表 9-9,两 OD 对的总交通需求量分别为 3 800 和 5 000 人次,且忽略路网交叉口的延误。

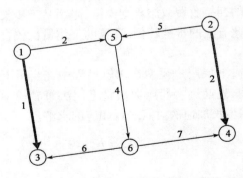

图 9-6 算例分析简化路网

模型中部分参数的取值　　　　表 9-8

参数	α	β	γ_1	γ_2	O_{pri}	$\hat{Y}$	e_{ctax}	e_1	e_2	p_1	p_2
数值	0.15	4	2	2	1	1	50	0.2	0.069	1	25

路网中的路段长度、自由通过时间和路段通行能力　　　　表 9-9

路段	1	2	3	4	5	6	7
l_a(km)	0.61	0.61	0.55	0.61	0.55	0.55	0.55

续上表

路段	1	2	3	4	5	6	7
$t_a^0(\min)$	1.20	1.20	0.75	1.20	0.75	0.75	0.75
小汽车 C_a	2 600	3 290	2 430	3 290	2 600	2 430	2 430
公交车 C_b	1 730	2 190	1 620	2 190	1 730	1 620	1 620

于是,可得小汽车出行和公交车出行的出行成本为:

小汽车出行成本 $\quad C_a(x_a) = t_a(x_a) + 0.52l_a + u_a \quad$ (9-35)

公交车出行成本 $\quad \hat{C}_a(\hat{x}_a) = \hat{t}_a(\hat{x}_a) + 1 + 0.02l_a \quad$ (9-36)

(二) 算例求解过程

为寻求上层目标函数的最小值,首先需确定初始拥挤定价方案,两条路段的拥挤定价均取零,即 $u_1^{(0)} = 0, u_2^{(0)} = 0$,据此求解下层用户需求均衡模型,主要步骤为:

(1) 假设开始时路网中小汽车与公交车流量均为 0,计算获得基础数据,再获取各路段的广义出行费用函数,然后得出 OD 对之间的出行费用,接着得到小汽车和公交车的最小出行费用,根据 Logit 模型得到两种出行方式的需求量,将小汽车出行方式和公交车出行方式需求量分别按非集计模型和全有全无法分配到模拟路网上,最后得到两种出行方式不同出行路径的交通流量。

(2) 在路段得到初始交通流量后,改变各个路段的出行阻抗,各个路段和路径的流量均随之变动。重新计算各路段的出行时间成本,进行循环。

(3) 同理,将得到的交通流量再次迭代,得到各路段的交通流量。

判断收敛条件,其中取 $\varepsilon = 0.01$。将得到的路段流量值代入到以下判别式中进行检验,得到:

$$\frac{\sqrt{\sum_a \left[\frac{1}{k}\sum_{j=0}^{k-1}(x_a^{k+1-j} - x_a^{k-j})\right]^2}}{\sum_a \frac{1}{k}\sum_{j=0}^{k-1} x_a^{k-j}} = 0.1740 > \varepsilon = 0.01$$

可知,该值不满足收敛条件,因此返回至第二步,进行循环求解。

算法可利用 Matlab 软件进行编程计算。经过软件运行求解,得到在 $u_1^{(0)} = 0, u_2^{(0)} = 0$ 的定价方案下,不同路段两种出行方式的交通流量分配如下:

$$x_1 = 2468, x_2 = 3245, x_3 = 0, x_4 = 0, x_5 = 0, x_6 = 0, x_7 = 0$$

$$\hat{x}_1 = 1331, \hat{x}_2 = 1754, \hat{x}_3 = 0, \hat{x}_4 = 0, \hat{x}_5 = 0, \hat{x}_6 = 0, \hat{x}_7 = 0$$

将所得到的交通流量代入到上层规划模型的目标函数式(9-34)中,得到 $Z(u_a, \gamma, \hat{\gamma}) = 15140.5$。

下一步进行探测移动,取初始步长 $\delta_1 = 0.25$,加速因子 $\sigma = 1$,设 $u^* = u^{(0)} + \beta\delta e_j (e_j$ 为单位向量,第 j 个元素为 1,其他均为 0),先令 $\beta = 1$,对下层用户模型进行相应计算,并得到上层模型的目标 $Z(u^*, \gamma)$。如果 $Z(u^*, \gamma) < Z(u^{(0)}, \gamma)$,则 β 值不变,$Z(u, \gamma) = Z(u^*, \gamma)$,如果此时

$Z(u^*,\gamma) > Z(u^{(0)},\gamma)$，则 $u^* = u^{(0)}$，$j = j+1$，然后重复第 2 步；否则就令 $\beta = -1$，然后按此步骤反复计算得到模型最优解。

（三）算例结果分析

利用 Matlab 软件对模型进行求解，得到的计算结果如下：

图 9-7 为不同费用步长下目标函数的变化曲线，另外还得到了不同费用步长下的迭代次数对应的拥挤定价值，于是得到费用步长与目标函数值 Z 的关系如下：

（1）不同费用步长下，目标函数 Z 的变化规律类同，均可视为开口向上的抛物线；费用步长越大，目标函数 Z 的收敛速度也就越快。

（2）一定费用步长下，随着迭代的次数增加，目标函数 Z 呈现递减趋势，达到最小值后则呈现递增趋势。

（3）费用步长较小时，求解过程的迭代次数较多，结果误差较小，反之则迭代次数较少，结果误差增大。

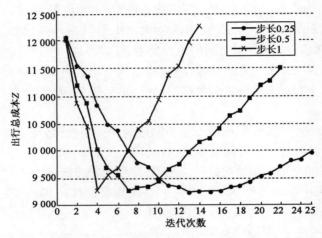

图 9-7　差别化费用步长下的系统出行总成本变化曲线

对比 3 种费用步长下的出行总成本，可知 3 种费用步长下目标函数 Z 的最小值均为 9 252 单位成本，此时系统达到最优。

由不同费用步长及不同收费策略下的路段流量和出行总成本可知：

（1）拥挤定价最优方案为 $u_1 = 1$，$u_2 = 1$，此时上层目标函数出行总成本 Z 达到最小，最小出行总成本为 9 252 单位成本，对比 $u_1 = u_2 = 0$ 时的 12 062 单位成本，总量上减少了 2 810 单位成本，降低幅度为 23.3%。

（2）对路段 1 和 2 均征收 1 个单位时间的拥挤费用后，路段 1 和 2 中的小汽车出行流量向公交车出行流量分别转移了 856 和 1 114 人次，且分流路段上的小汽车出行流量均有所增加，路段 1 和 2 的饱和度由 0.83 和 0.86 分别降低至 0.46 和 0.48，服务水平明显上升。

图 9-8 为不同费用步长下所有路段的 CO_2 排放总量变化曲线，从图中可以看出：

（1）在不同的费用步长下，所有路段的 CO_2 排放总量具有相同的变化规律，即随着迭代次数的增加，CO_2 排放总量均呈现单调递减规律；且随着迭代步长的增加，递减的速度会加快。

（2）路网中的 CO_2 排放总量呈现单调递减规律，是由于公交车出行者与小汽车出行者的

CO_2 排放强度分别为 0.069kg/(人·km) 和 0.2kg/(人·km),随着定价标准提高,使得小汽车出行向公交车出行转移,路网中的 CO_2 排放总量会呈现递减趋势,这也从侧面反映了大力发展公共交通的必要性与益处。

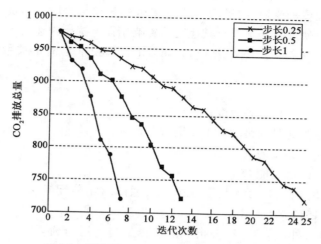

图 9-8　不同费用步长下的 CO_2 排放总量变化曲线

综合分析不同费用步长及不同收费策略下的各路段小汽车出行和公交车出行对应的 CO_2 排放量数据,对比未实施拥挤定价方案以及最优拥挤定价方案下的路网各路段两种出行方式的流量变化情况,可以看出:

(1) 在实施拥挤定价方案后,拥挤路段 1 和 2 的部分小汽车出行转向了公交车出行,同时也有部分小汽车出行者改变了出行路径,从而使得拥挤路段的小汽车流量和饱和度均有所降低,而公交车流量则呈相反趋势,其他路段小汽车流量有所上升,起到了分流的作用。

(2) 随着定价标准的上升,二氧化碳排放总量呈现单调递减趋势。在最优拥挤定价方案时,即出行总成本最小时,两种出行方式的 CO_2 排放量分别为 663kg 和 214kg,二氧化碳排放总量虽然不能达到理想情况下的最小值(理想情况为所有小汽车出行全部转变为公交车出行),但对比未实施拥挤定价情况下的 845 kg 和 131kg,小汽车排放的 CO_2 减少了 182kg,公交车排放的 CO_2 增加了 83kg,累计减少了 99kg,降低幅度达到 10.1%。

(3) 征收合适的拥挤费用有利于降低系统的出行总成本和 CO_2 排放量,所建模型可在一定程度上缓解城市交通拥挤问题以及减少碳排放,使得城市交通能健康、低碳地发展。

第五节　基于环境保护的拥挤定价下的公交收费策略

公交收费的研究属于经济学范畴,是市民和政府部门普遍关注的问题。由于城市交通污染日趋严重,公共交通相对于私人交通方式,是能耗低、污染少的环保型交通方式,但是以往对于公交收费策略的研究,未将实现环境保护作为根本目标。拥挤定价、公交收费和交通环境保护的研究虽然取得了诸多研究成果,但未研究如何通过拥挤定价和公交收费实现交通环保目标。为此,本节的研究在拥挤定价的条件下,从交通行为科学的角度进行了基于环境保护的拥挤定价下的公交收费策略设计,从系统科学的角度将三个交通领域的研究结合了起来。

一、交通环境保护目标和测算方法

交通污染主要体现在机动车尾气排放和交通噪声两个方面,在出行目的和路线既定的条件下,二者都是行驶速度的函数,而机动车的行驶速度 S 除与路段通行能力 B 以及流量 x 有关,还受路况的影响。研究将路况对行驶速度的影响用无干扰行驶速度 S_0 表示。对任意路段 a,行驶速度 S 与路段通行能力 B、路段流量 x 和无干扰行驶速度 S_0 的关系为:

$$S_a = \frac{S_{0,a}}{f(x_a, B_a)} \tag{9-37}$$

式中: S_a——路段 a 上车辆行驶速度;

$S_{0,a}$——交通量为 0 时的路段 a 上车辆行驶速度;

x_a——路段 a 上的交通量;

B_a——路段 a 的通行能力;

$f(x_a, B_a)$——x_a 和 B_a 的函数,在《基于环境的交通网络流分配模型》中标定为 $f(x_a, B_a) = 1 + 0.15(x_a/B_a)^4$。

机动车尾气含有多种污染物,尾气指标的选择是交通污染预测模型建立的基础。CO 是机动车排放的主要污染物之一,其危害较为严重,选择 CO 作为机动车尾气污染的单一指标是一个可行的办法,以国际上应用较为普遍的 TRANSYT 模型为代表。根据 Sharma 等对机动车尾气排放模型的总结,选择 CO 作为机动车尾气排放测量的单一指标,虽然能够反映交通环境污染,但并不全面。尤其是随着发动机技术的改进,燃料燃烧更为充分,需要考虑 HC 和 NO_x 等其他污染物的影响。参考 Greene 等、Theodoros 等和 MacLean 等的研究成果,结合 TRAEMS、TRANSYT 和 EMME/2 等模型关于交通污染的计算思想,构造的交通尾气污染物总量与速度的关系模型为:

$$E = \sum_a \sum_j N_{a,j} [P_{HC,j}(S) + P_{CO,j}(S) + P_{NO_x,j}(S)] \tag{9-38}$$

式中: E——单位时间机动车尾气污染物总量,g/h;

$N_{a,j}$——路段 a 上 j 类机动车的数量,辆;

$P_{HC,j}(S)$——j 类机动车的 HC 排放量与速度 S 的关系式,g/(辆·h);

$P_{CO,j}(S)$——j 类机动车的 CO 排放量与速度 S 的关系式,g/(辆·h);

$P_{NO_x,j}(S)$——j 类机动车的 NO_x 排放量与速度 S 的关系式,g/(辆·h)。

路段 a 上 j 类机动车的数量 $N_{a,j}$ 与路段 a 上 j 类机动车的流量 $x_{a,j}$、运行速度 $S_{a,j}$ 以及路段长度 L_a 的关系式为:

$$N_{a,j} = \frac{x_{a,j} L_a}{S_{a,j}} \tag{9-39}$$

随着机动车速度的变化,不同污染物的 $N_{a,j} = \dfrac{x_{a,j} L_a}{S_{a,j}}$ 排放量呈现出不同的规律,不同机动车类型的 $P_{HC,j}(S)$、$P_{CO,j}(S)$ 和 $P_{NO_x,j}(S)$ 表达式为:

$$\begin{cases} P_{HC,j}(S) = \alpha_{1,j} S^{\beta_{1,j}} \\ P_{CO,j}(S) = \alpha_{2,j} S^{\beta_{2,j}} \\ P_{NO_x,j}(S) = a_{3,j} S^2 + b_{3,j} S + c_{3,j} \end{cases} \tag{9-40}$$

式中: S——机动车的运行速度,km/h;

$\alpha_{1,j}$、$\beta_{1,j}$——j 类机动车关于速度 S 的 HC 排放参数；

$\alpha_{2,j}$、$\beta_{2,j}$——j 类机动车关于速度 S 的 CO 排放参数；

$a_{3,j}$、$b_{3,j}$、$c_{3,j}$——j 类机动车关于速度 S 的 NO_x 排放参数。

噪声是城市交通污染的另一重要形式，根据 Pichai 的研究，噪声与速度存在线性关系：

$$L_{eq}^{(j)} = \lambda_j + \gamma_j S \tag{9-41}$$

式中：$L_{eq}^{(j)}$——j 类机动车的噪声水平，dB；

λ_j、γ_j——j 类机动车关于速度 S 的噪声参数。

二、交通系统的平衡态分析

在实际出行过程中，由于交通过程存在各种意外事件，即使 ITS 能够提供的信息足够充分，用户完全、实时、准确地了解路网的动态变化仍然只是一种理想状态。因此，从交通管理部门决策的角度研究道路的拥挤定价和公交收费时，需假设私人交通系统和公共交通系统均处于弹性需求下的随机用户平衡状态。

对于私人交通系统，当执行拥挤定价政策时，设 u_a 为路段 a 上的拥挤费，$\boldsymbol{u}$ 为向量 $(u_1, \cdots, u_a, \cdots)$。由于路段阻抗是由路网的拥挤程度（影响出行者时间成本）和路段拥挤费的大小所决定的，因而考虑拥挤费后的广义出行费用 c_a 是关于路段流量 x_a 和拥挤费 u_a 的函数，表示为 $c_a(x_a, u_a)$，且 $c_a(x_a, u_a) = t_a(x_a) + u_a$，其中 $t_a(x_a)$ 为拥挤程度决定的私人交通旅行费用。在弹性需求随机用户平衡状态下，设弹性需求 $q_{rs} = D_{rs}(u_{rs})$。

对于公共交通系统，设 u_k 为 OD 对起始节点 r 至终迄节点 S 的路径 k 的公交费，$\boldsymbol{u}$ 为公交费 u_k 的向量，q_k 为路径 k 的公交需求量，v_a 为路段 a 上的公交流量，$v_a = \sum q_k \zeta_k^a$。当路段在路径 k 上时，$\zeta_k^a = 1$，否则 $\zeta_k^a = 0$。公交需求 q_{rs} 是公交收费 u_{rs} 的弹性需求，$q_{rs} = D_{rs}(u_{rs})$。广义公交出行费用 $c_a(v_a, u_a) = t_a(v_a) + u_a$，其中 $t_a(v_a)$ 为公交旅行费用，取决于 v_a，且 $v_a = u_a \zeta_k^a$。

三、基于环境保护目标的拥挤定价下的公交收费模型

拥挤价格和公交收费的合理制订，不仅能够缓解交通拥挤，同时还可削减私人机动车出行，使之转化为常规公交车和地铁等人均污染小或无污染的出行方式，从而有效地减少交通污染。基于这一思想，将交通环保作为约束条件，构造出拥挤定价条件下公交收费的两层规划模型。上层规划模型为：

$$\min_{\boldsymbol{u},\boldsymbol{u}} H[\boldsymbol{u},\boldsymbol{u},x(\boldsymbol{u}),v(\boldsymbol{u}),q(\boldsymbol{u}),\tilde{q}(\boldsymbol{u})] = -CS_P - CS_B \tag{9-42a}$$

$$\text{s.t.} \quad x_a(\boldsymbol{u}) \leq B_a \tag{9-42b}$$

$$v_a(\boldsymbol{u}) \leq \tilde{B}_a \tag{9-42c}$$

$$\sum_a \sum_j \frac{x_{a,j} L_a}{S_{a,j}}(\alpha_{1,j} S^{\beta_{1,j}} + \alpha_{2,j} S^{\beta_{2,j}} + a_{3,j} S^2 + b_{3,j} S + c_{3,j}) \leq E' \tag{9-42d}$$

$$\sum_a \sum_j x_{a,j}(\lambda_j + \gamma_j S_{a,j}) \leq L'_{eq} \tag{9-42e}$$

$$x_{a,j} = \begin{cases} \dfrac{x_a(\boldsymbol{u}) e^{V_j}}{\sum_{j=1}^{J_1} e^{V_j}} & j \in [1, J_1] \\[2mm] \dfrac{x_a(\boldsymbol{u}) e^{V_j}}{\sum_{j=J_1+1}^{J} e^{V_j}} & j \in [J_1+1, J] \end{cases} \tag{9-42f}$$

$$u_a, u_a \geqslant 0 \qquad (9\text{-}42\text{g})$$

式中： H——规划模型关于 u, u 以及 u 下的私人交通流量 $x(u)$，u 下的公共交通流量 $v(u)$，u 下的私人交通需求 $q(u)$ 和 u 下的公共交通需求 $\tilde{q}(u)$ 的目标函数；

CS_P、CS_B——私人交通系统和公共交通系统的用户盈余，其计算方法参见《道路拥挤定价下的公共交通收费问题研究》；

$x_{a,j}$——路段 a 上 j 类机动车的交通流量；

E'——政府允许的机动车尾气污染上限；

L'_{eq}——政府允许的机动车噪声污染上限；

$S_{a,j}$——路段 a 上 j 类机动车的运行速度，km/h；

$x_a(u)$——拥挤费 u 下的路段 a 的私人交通流量；

$v_a(u)$——公交费 u 下的路段 a 的公共交通流量；

B_a——路段 a 的私人机动车通行能力；

$\tilde{B}_a$——路段 a 的公交车通行能力；

V_j——选择第 j 类机动车出行的效用函数，$j = 1,2,\cdots,J_1$ 表示私人机动车的类型，例如摩托车、小汽车、客货两用车等；$j = J_1 + 1, j = J_1 + 2,\cdots,J$ 表示公交车类型，例如常规公交车、地铁、出租汽车等。

上层规划模型中的 $x_a(u)$ 和 $v_a(u)$ 由下层规划模型求解，下层规划涉及 2 个子系统，要实现 3 个平衡：私人机动车路网弹性需求随机用户平衡、公共线网弹性需求随机用户平衡以及私人机动车与公交车出行工具选择平衡。通过多目标优化可实现这 3 个平衡，分别用 $Z(x, u)$、$F(v, u)$ 和 $Y(x, v)$ 表示，则下层规划的目标函数为：

$$\min[Z(x, u), F(v, u), Y(x, v)] \qquad (9\text{-}42\text{h})$$

$$Z(x, u) = \sum_{rs}\sum_k f_k^{rs}(\ln f_k^{rs} - 1) - \sum_{rs} q_{rs}(\ln q_{rs} - 1) +$$
$$\alpha\left[\sum_a \int_0^a c_a(w, u_a)\mathrm{d}w - \sum_{rs}\int_0^{q_{rs}} D_{RS}^{-1}(w)\mathrm{d}w\right] \qquad (9\text{-}42\text{i})$$

$$F(x, u) = \sum_{rs}\sum_k \tilde{f}_k^{rs}(\ln \tilde{f}_k^{rs} - 1) - \sum_{rs} \tilde{q}_{rs}(\ln \tilde{q}_{rs} - 1) +$$
$$\alpha\left[\sum_a \int_0^a c_a(w, u_a)\mathrm{d}w - \sum_{rs}\int_0^{\tilde{q}_{rs}} D_{RS}^{-1}(w)\mathrm{d}w\right] \qquad (9\text{-}42\text{j})$$

$$Y(x, v) = Z(x, u) + F(x, u) \qquad (9\text{-}42\text{k})$$

式中：f_k^{rs}、$\tilde{f}_k^{rs}$——路径 k 上的私人交通和公共交通流量；

q_{rs}、$\tilde{q}_{rs}$——OD 对 rs 的私人交通和公共交通需求；

参数 $\alpha > 0$。

下层规划的约束条件分别为 3 个平衡约束条件：

$$\sum_k f_k^{rs} = q_{rs} \sum_k \tilde{f}_k^{rs} = \tilde{q}_{rs} \qquad \forall r, S \qquad (9\text{-}42\text{l})$$

$$x_a = \sum_r \sum_S \sum_k f_k^{rs}\delta_{a,k}^{rs} \qquad v_a = \sum_r \sum_S \sum_k \tilde{f}_k^{rs}\tilde{\delta}_{a,k}^{rs} \qquad (9\text{-}42\text{m})$$

$$q_{rs} + \tilde{q}_{rs} = \hat{q}_{rs} \qquad \forall r, S \qquad (9\text{-}42\text{n})$$

$$q_{rs} \geqslant \tilde{q}_{rs} \geqslant 0 \qquad \forall r, S \qquad (9\text{-}42\text{o})$$

式中：$\delta_{a,k}^{rs}$、$\tilde{\delta}_{a,k}^{rs}$——变量，如果路段 a 在连接 OD 对 rs 之间的路径 k 上，则 $\delta_{a,k}^{rs} = 1$，$\tilde{\delta}_{a,k}^{rs} = 1$，否则为 0；

$\hat{q}_{rs}$——OD 对 rs 之间的交通总需求。

式(9-42l)中的两个等式分别表示一般线路和公交线路流量与 OD 需求之间的守恒关系;式(9-42m)中的两个等式分别表示一般线路和公交线路路段流量与路径流量的守恒关系,满足 $\partial_{x_a}/\partial f_l^{mn} = \delta_{a,l}^{mn}$ 和 $\partial_{v_a}/\partial f_l^{mn} = \delta_{a,l}^{mn}$;式(9-42n)表示起点 r 至迄点 S 的私人交通需求 q_{rs} 与公共交通需求之和 $\tilde{q}_{rs}$ 等于总需求 $\hat{q}_{rs}$,为需求约束;式(9-42o)为流量非负约束。遗传算法对优化问题的限制极少,且求得全局最优解的可能性较大,因而采用 GA 求解该二次优化问题,求解过程可参考《基于企业管理模式的我国路边停车定价方法与应用研究》。

四、案例计算

《广州市交通管理发展规划(2002~2015 年)》提出了广州市 2010 年将对由环城高速包围的建成区范围实行拥挤定价政策。参照《广州市公共交通改善实施方案》,将广州市公交线网划分成 20 个分区,从而简化成一个 20×20 的公交定价问题。

在处理调查数据时,首先将出行者按照是否拥有某类机动车划分成 4 类群体:私人小汽车、私人摩托车、公车和无机动车群体。然后对每一类群体进行调查表分类,并拟合效用函数参数。最后,标定模型(9-42)的其他参数。基于广州市拥挤定价政策的规划,按照上述计算步骤,采用模型(9-42)计算出广州市基于环境保护的拥挤定价下的公交收费策略:高峰小时机动车进入规划区征收拥挤费的最优方案为小汽车 8.7 元/次和摩托车 4.9 元/次,2010 年该方案下的公交平均票价水平为 2.98 元/次,不同分区之间最优公交票价分布、各分区的机动车出行需求和公交出行方式的 OD 分布等,见文献《道路拥挤定价下的公共交通收费问题研究》。

在该收费策略下,广州市 2010 年的私人小汽车需求减少 59 867 人次;私人摩托车需求减少 618 人次;公交车需求增加 28 230 人次;出租汽车需求增加 31 661 人次;公车需求增加 584 人次。相对现行收费策略而言,在该价格体系下,2010 年广州市将削减交通量 7.41%。机动车尾气排放量为 2.3mg/m³,机动车噪声为 67dB;其他条件不变,按照现行价格体系,这两项指标分别为 2.41mg/m³ 和 69dB。

在本章最后,需要说明的是,9.1~9.5 节只涉及了环境空气污染的一些模型的研究,而道路环境影响评价还包括生态环境、水环境、声环境以及土壤环境等的影响评价。今后有待在其他几个方面进一步开展定量研究,以使道路交通环境影响评价工作更深入、更全面,评价结果更符合实际。

参 考 文 献

[1] 陈红. 交通与环境[M]. 北京:人民交通出版社,2011.
[2] 张玉芬. 交通运输与环境保护[M]. 北京:人民交通出版社,2004.
[3] 戴明新. 公路环境保护手册[M]. 北京:人民交通出版社,2004.
[4] 朱世云,林春绵. 环境影响评价(第2版)[M]. 北京:化学工业出版社,2013.
[5] 刘朝晖,张映雪. 公路线形与环境设计[M]. 北京:人民交通出版社,2003.
[6] 交通部西部交通建设科技项目管理中心. 交通资源节约和环境保护新技术研讨会论文集[C]. 北京:人民交通出版社,2007.
[7] 谭民强. 交通运输类环境影响评价[M]. 北京:中国环境科学出版社,2011.
[8] 李全文. 公路环境规划[M]. 北京:人民交通出版社,2005.
[9] 田平,钟建民,钱晓鸥. 公路环境保护工程[M]. 北京:人民交通出版社,2008.
[10] 环境保护部环境工程评估中心. 环境影响评价技术导则与标准[M]. 北京:中国环境科学出版社,2012.
[11] 中华人民共和国行业标准. JTJ/T 006—98 公路环境保护设计规范[S]. 北京:人民交通出版社,2004.
[12] 中华人民共和国行业标准. JTG B03—2006 公路建设项目环境影响评价规范[S]. 北京:人民交通出版社,2006.
[13] 中华人民共和国行业标准. JTG B04—2010 公路环境保护设计规范[S]. 北京:人民交通出版社,2010.
[14] 王晓宁,盛洪飞. 道路交通环境保护[M]. 北京:中国建筑工业出版社,2012.
[15] 杨延梅. 交通环境工程[M]. 北京:水利水电出版社,2014.
[16] 国外道路标准规范编译组. 国外公路景观与环境设计指南汇编[M]. 北京:人民交通出版社,2006.
[17] 沈毅,晏晓琳. 公路路域生态工程技术[M]. 北京:人民交通出版社,2009.
[18] 王晓宁,孟祥海,盛洪飞,等. 基于几何线形的道路立交处机动车排放污染计算[J]. 中国公路学报,2009(6):96-100.
[19] 薛明,姚洪林. 盐渍土地区公路养护与环境技术. 北京:人民交通出版社,2006.
[20] 王晓宁. 高等级公路环境影响与环境恢复[M]. 北京:中国建筑工业出版社,2016.
[21] 戴明新. 交通工程环境监理指南[M]. 北京:人民交通出版社,2005.
[22] 环境保护部环境工程评估中心. 环境影响评价相关法律法规[M]. 北京:中国环境科学出版社,2011.
[23] 陈曙红. 汽车环境污染与控制[M]. 北京:人民交通出版社,2007.
[24] 邓顺熙. 公路与长隧道空气污染影响分析方法[M]. 北京:科学出版社,2004.
[25] Wang J, Chi L, Hu X. Modeling framework for alleviating and managing air pollutant emissions for urban taxi vehicles[C]//Proceedings of Fourth International Conference on Transportation Engineering. 2013:1820-1825.
[26] 王健,池利兵,胡晓伟. 考虑空驶距离的出租汽车空气污染排放模型[J]. 城市交通,

2015,13(2):72-77.

[27] Wang J, Chi L, Hu X, et al. Urban traffic congestion pricing model with the consideration of carbon emissions cost[J]. Sustainability,2014,6(2):676-691.

[28] 王健,田禹,安实.基于环境保护的拥挤定价下公交收费策略研究[J].北京:系统工程学报,2006,21(2):211-215.